ACADÉMIE D'ARRAS

LE CARTULAIRE

DU

CHAPITRE D'ARRAS

publié ou analysé avec extraits textuels

d'après le manuscrit de la Bibliothèque nationale

PAR LE

Cte AUGUSTE DE LOISNE

Docteur en droit, Membre correspondant de l'Académie d'Arras,

Membre de la Commission départementale des Monuments historiques.

ARRAS

Imp. Robard-Courtin, place du Pont-de-Cité, n° 6.

1897

ACADÉMIE D'ARRAS

LE CARTULAIRE

DU

CHAPITRE D'ARRAS

publié ou analysé avec ~~.....~~uels

d'après le manuscrit de ~~~~ Bibliothèque nationale

PAR LE

Cte AUGUSTE DE LOISNE

Docteur en droit, Membre correspondant de l'Académie d'Arras,

Membre de la Commission départementale des Monuments historiques.

ARRAS

Imp. Rohard-Courtin, place du Pont-de-Cité, n°.6

1896

INTRODUCTION

I.

Il existe au Cabinet des Manuscrits de la Bibliothèque Nationale, un beau cartulaire du XIIIᵉ siècle, dit *Livre blanc* du Chapitre d'Arras, qui malgré tout l'intérêt qu'il présente, parait avoir été peu utilisé par l'érudition locale (1).

C'est un petit in-4ᵉ de 91 feuillets de parchemin de 275 millimètres de haut sur 591 millimètres de longueur, comprenant 3 feuillets de tables, 87 de bulles et de chartes, un enfin, rempli après coup et contenant la formule du serment prêté par les Evêques d'Arras à leur prise de possession. Ecriture du premier tiers du XIIIᵉ siècle (2), sauf pour le premier feuillet, qui est de la fin de ce siècle. Texte sur deux colonnes, 34 lignes à la page, initiales ornées et teintées de cinabre jusqu'au 57ᵉ feuillet; rubriques de même couleur. Excellent état de conservation. Reliure en veau blanc, avec plats ornés de losanges apposés à froid; d'où le nom de *Livre blanc*. Dos en veau fauve, refait; ais de chêne, dont l'agrafe a été enlevée.

Ce précieux manuscrit, disparu avec une bonne partie des archives du Chapitre, pendant la tourmente révolutionnaire, vint, par une série de vicissitudes, échouer à Paris, chez un bouquiniste de la rue des Grès, chez qui il fut acquis par la Bibliothèque Nationale, en 1828 (3). Il repose actuellement au Cabinet des Manuscrits sous la cote 9930 du fonds latin.

Comme les recueils analogues, c'est une transcription sans classification apparente des bulles et des chartes que l'église cathédrale d'Arras obtint de la papauté, des évêques d'Arras, ses supérieurs directs, des seigneurs ecclésiastiques et séculiers, qui, soit par échange, soit par vente, parfois pour s'armer pour la croisade, le plus souvent à titre

---

(1) Il n'a, à notre connaissance, été utilisé que par M. Charles d'Héricourt pour la rédaction du canton d'Houdain, au *Dictionnaire historique et archéologique du Pas-de-Calais*, et par M. Ricouart pour ses *Etudes sur les noms de lieux*.

(2) L'écriture est d'un autre scribe à partir du folio 66, vᵒ.

(3) Léopold Delisle, *Le Cabinet des Manuscrits de la Bibliothèque Nationale*, t. II, p. 289.

gratuit pour s'assurer des prières après leur mort, démembraient leurs fiefs, aliénaient leurs dîmes, grevaient leurs terres de rentes seigneuriales au profit du Chapitre. L'on trouve également bon nombre d'actes relatifs à des questions de compétence ou de discipline ecclésiastiques, à l'organisation du Chapitre et à ses nombreuses prérogatives, aux évêques d'Arras et à ses officiers.

Ces documents divers, au nombre de 174, allant de l'année 920 à 1296, se classent ainsi :

35	Bulles pontificales,		1	Charte	du grand archidiacre,
7	Diplômes ou chartes des rois de France,		1	—	du doyen,
3	—	— des légats du St-Siège,	1	—	de l'Écolâtre,
46	Chartes épiscopales,		3	—	de chanoines,
29	—	seigneuriales,	1	—	du Chapitre de Péronne,
7	—	d'abbés,	1	—	du prévôt de la Collégiale de Douai,
34	—	du Chapitre d'Arras,	4	Actes divers.	

Les bulles émanent des Papes suivants :

2 d'Urbain II,	3 d'Eugène III,
4 de Pascal II,	4 d'Adrien IV,
1 de Gélase I,	13 d'Alexandre III,
1 de Calixte II,	5 de Lucius III.
2 d'Innocent II.	

On remarque un diplôme de Charles-le-Simple ; six chartes de Philippe-Auguste ; trois de Samson, Pierre et Guillaume, légats du St-Siège ; une de Lietbert, évêque de Cambrai et d'Arras ; une de l'évêque d'Arras Lambert ; une d'Alvise, trois de Godescalque, deux d'André, trois de Frumauld, huit de Pierre Ier, vingt-sept de Raoul de Neuville ; une de Névelon, évêque de Soissons ; une d'Etienne, évêque de Noyon ; d'autres des abbés de St-Vaast, de Marœuil, du Mont-St-Eloi, de St-Riquier et de St-Denis.

Parmi les chartes seigneuriales, enfin, nous citerons trois actes du Comte de Flandre, Thierry d'Alsace ; trois de son fils Philippe ; d'autres des seigneurs de Béthune, de St-Pol, d'Oisy, de Beaumetz, de Longâtre, d'Aubigny, de Bucquoy, d'Ecoust, de CheIers, de Neuville-Vitasse, de Gauchin, de Croix, de Fresnicourt, d'Hangest, de Suzanne, etc.; des châtelains de Lens, de Bapaume et de Lille.

Parmi ces documents, onze seulement ont leur original aux Archives du Pas-de-Calais (1). Quatorze ou quinze ont été imprimés ; les autres sont, nous le croyons, inédits.

(1) Fonds du Chapitre d'Arras.

II.

Notre recueil, comme ceux du même genre, est une mine précieuse pour l'histoire locale. Il suffit de signaler à ce sujet, les points suivants :

Origine des noms de personnes et de lieux. — Anciens seigneurs des arrondissements d'Arras et de St-Pol, dont on ne saurait trouver la trace ailleurs. — Rivalité de la Cathédrale et de l'Abbaye de Saint-Vaast, de la puissance ecclésiastique et des pouvoirs séculiers. — Histoire du Chapitre ; état de ses possessions au XIII⁰ siècle et administration de ses domaines ruraux. — Histoire des évêques d'Arras. — Mesures agraires, mesures de capacité et monnaies. — Valeur des immeubles. Nous omettons dans cette trop courte énumération, les documents qui entrent dans l'histoire générale du droit, droit canonique, droit civil et droit féodal : dîmes, autels, juridictions diverses, procédure ecclésiastique, arbitrages, contrats, ventes, donations, échanges, transactions, état des personnes et des biens : alleux, fiefs, censives, droits féodaux, redevances diverses, etc.

III.

Pour juger de l'intérêt que présente le *Livre blanc* pour l'étude de l'origine de nos noms de lieux, il suffit de se reporter à notre table, où l'on trouve identifiées les formes anciennes de plus de cent-cinquante noms de communes ou de lieux-dits de l'arrondissement d'Arras, trente environ de celui de Béthune, vingt de St-Pol. Les arrondissements de St-Omer, de Montreuil et de Douai sont également représentés. Notre travail à ce sujet fournirait un appoint sérieux au *Dictionnaire topographique du Pas-de-Calais*, dont l'absence laisse une lacune regrettable dans la bibliographie Artésienne. L'on sait, de plus, l'importance que les sciences historiques attachent aux formes anciennes des noms de lieux.

Non moins intéressante est l'étude de l'origine des noms de personnes. Parmi les sujets inscrits au programme du congrès des Sociétés savantes, à la Sorbonne, pour cette année, figure notamment la question suivante : « Etudier quels ont été les noms de baptême usités, suivant les époques, dans une localité ou dans une région ». Notre cartulaire fournit de nombreux renseignements à ce sujet pour le XII⁰ et le commencement du XIII⁰ siècle, la grande époque du Moyen-Age. La table des noms de personnes comprend plus de 850 noms, sans compter de très nombreux surnoms, origine de la catégorie la plus importante de nos noms de famille. Quant à ceux de baptême, on constate que les plus fréquemment portés, au XII⁰ siècle, dans l'arrondissement d'Arras, sont ceux de Jean, le disciple bien aimé de Jésus-Christ (60); de Robert (40), Bauduin (35) et Guillaume (22), portés par les Comtes de Flandre, souverains de l'Artois ; d'Hugues (34), de Pierre (33), de Gautier (34). Viennent ensuite ceux de Giraud (21), Eustache (16), Roger,

Nicolas (15), Simon (14), Gilles (11), Henri (10), Raoul, Lambert, Alard (9), Anselme, Evrard (8), Martin (7), Aléaume, Adam, Bernard (6), Frumauld, Soyer (5), Ghislain, Barthélemy (4), Amaury, Aimeri, Clairembauld, Milon, etc.

Mais c'est surtout à l'histoire de la ville d'Arras et à celle de son arrondissement que le cartulaire du Chapitre offre des matériaux précieux. Il suffit, pour en juger, de se reporter à notre table analytique et aux analyses sommaires placées en tête des actes. Elles témoignent, nous en avons la conviction intime, de l'opportunité de la publication que l'Académie d'Arras nous a fait l'honneur de nous confier. Dans le travail auquel nous nous sommes livré dans ce but, nous nous sommes inspiré de la méthode suivie avec tant de succès par l'éminent éditeur des *Chartes de St-Bertin*. Suivant l'importance de la pièce, nous la donnons *in extenso*, par extraits ou simplement à l'état d'analyse. Dans tous les cas, le feuillet inscrit en tête, permettra de se reporter facilement au texte du manuscrit imprimé. Quand nous connaissons l'original, nous l'indiquons, et, si l'acte a déjà été simplement utilisé, nous en donnons les références. Au désordre du cartulaire, nous substituons l'ordre chronologique, en datant d'après le comput moderne, toutes les fois que cela est possible. Nous terminons enfin notre travail par des tables, aussi complètes que possible, offrant toutes facilités aux recherches.

On sait le succès qu'ont obtenu les *Chartes de St-Bertin* et les *Cartulaires de Thérouanne*, auprès du monde savant. Les Antiquaires de la Morinie impriment en ce moment le *Livre rouge* de St-Barthélemy de Béthune, dont ils ont bien voulu nous confier la publication ; il appartenait à l'Académie d'Arras de mettre au jour le cartulaire de sa cathédrale, dont l'histoire est intimement liée à celle de l'antique cité.

Déjà, en 1880, l'Académie d'Arras, appréciant tout l'intérêt que présente ce manuscrit, en avait fait exécuter une copie, à ses frais, par les soins de M. Fournier, archiviste-paléographe. Cette copie, qui nous a été communiquée depuis notre transcription, nous a aidé à interpréter plusieurs mots douteux et à donner un texte exact.

LE CARTULAIRE

DU

CHAPITRE D'ARRAS

1

Folio 63, recto.

920, *22 mai.* — Le Roi de France Charles-le-Simple, à la demande des comtes Isaac et Ségard, accorde à l'évêque de Cambrai et d'Arras, Etienne, pour lui et ses successeurs, la justice temporelle dans la cité d'Arras, ainsi que le tonlieu et l'atelier monétaire de Lambres.

In nomine Sancte et Individue Trinitatis, Karolus, divina propiciante clementia, rex Francorum, etc. — Signum Karoli regis gloriosissimi. Gozlinus regie dignitatis notarius, ad vicem Hervici archiepiscopi summique cancellarii, recognovit. Datum XI Kalendas Junii, indictione [VIII]. anno XXVIII regnante Karolo rege gloriosissimo, redintegrante XXII (1), largiore vero hereditate inepta, et actum villa Auziaco in Dei nomine feliciter. Amen.

Imprimé : Mirœus, *Opera diplomatica*, t. 1ᵉʳ, p. 248 et 249. (Attribue ce diplôme à Charles-le-Chauve, en lui assignant l'année 863.)

— Terninck, *Essai historique sur l'ancienne cathédrale d'Arras*, p. 88. (D'après Mirœus, avec la même erreur).

— *Recueil des Historiens de France*, t. ix, p. 528. (Assigne l'année 916 comme date) : « Datum XI kal. junii, indictione XI, anno XXIV, regnante Carolo rege gloriosissimo. »

Analysé : Brequigny, *Table chronologique*, t. 1ᵉʳ, p. 377. (A la date du 22 mai 916) : « Datum XI kal. junii, indict. XI, anno XXIX, regnante Carolo rege gloriosissimo. » Il ajoute : « Mirœus hoc diploma perperam Carolo Calvo attribuit. »

— *Gallia christiana*, t. iii, col. 15, d'après le texte publié par Mirœus, en ajoutant que la date « Anno XXIV. regni Caroli, indictione XI, » paraît devoir désigner l'année 923.

— Fanien, *Hist. du Chapitre d'Arras*, p. 36. (D'après les registres capitulaires donnant pour date le 11 juin ; date évidemment fausse.)

— Cf. Ricouart, *Etudes sur les noms de lieux*, p. 23 et 32. (Date de 916.)

Variantes : Atrapis castrum, Crientio, Satis.

N. B. — La date donnée par Mirœus est évidemment fausse, car le diplôme est adressé à Etienne, évêque

(1) *Cartulaire :* xxxii.

de Cambrai de 909 à 933 (*Gallia christiana*), alias 934 (GAMS, *series episcoporum*). Reste à examiner la date donnée par les synchronismes de notre cartulaire, qui ne concorde pas avec celle du 22 mai 916 de Bréquigny. On distingue trois époques pour les formules de datation des diplômes de Charles-le-Simple : la première, du 28 janvier 893 au 5 janvier 898, pendant laquelle Eudes est souverain de la plus grande partie du royaume ; la seconde, de la mort d'Eudes, le 5 janvier 898, jusqu'en 912, époque où apparaît la formule « *redintegrante* », qui indique la réintégration du royaume d'Eudes. Enfin, après la réunion du royaume de Lothaire (912), on ajoute la formule : *largiore vero hereditate inepta*. (Cf. Mabillon, p. 199). D'où il résulte :

1° Que la date du cartulaire est exacte en lisant : *redintegrante XXII*, au lieu de *redintegrante XXXII*, résultat de l'addition fautive d'un X, par l'erreur évidente du scribe;

2° Que si le diplôme est, comme l'indique le cartulaire, du XI des calendes de juin, 28ᵉ année du règne de Charles-le-Simple, 22ᵉ du « *redintegrante* », et *largiore hereditate inepta*, il faut le dater du 22 mai 920, date conforme aux synchronismes.

2

Folio 45, recto.

1074. — **Lietbert, évêque de Cambrai et d'Arras, donne à l'église d'Arras les autels de Beaurains, Montenescourt, Tilloy, Roclincourt, Wanquetin et Berles, en la confirmant dans la possession de ceux de Wailly et de Boyelle dont elle a déjà été investie par l'évêque Gérard.**

In nomine Sancte et Individue Trinitatis. Ego Lietbertus, Sancte Cameracensis seu Atrebatensis ecclesie episcopus solo nomine, cogitans de Dei timore vel eterna bona retributionis, res ecclesiarum nostrarum vellem exaltare et amplificare. Ille enim bene res suas possidet in hoc seculo qui de terrenis atque caducis comparat premia sempiterna in futuro ; quicunque ergo recedit ab hac sententia et foris vagatur ad appetenda terrena et temporalia non refici desiderat celesti alimonia, nec meditari superna ac spiritualia.

Ego autem, per hoc temporale commertium suspirans merchari eternæ beatitudinis premium, pro anime mee et animarum antecessorum episcoporum nostrorum salute, Sancte Dei genitricis Marie Atrebatensi ecclesie, ob amorem Dei et tranquillitatem fratrum ibidem consistentium, ecclesiam de Belraim, ab omni redditu liberam ex hoc et deinceps trado et annuo in perpetuum. Et iterum altare ejusdem ecclesie a persona ab omni redditu confirmo liberum, preter quod singulis annis, pro obsonio, persolvet tres solidos denariorum. Preterea quinque alia similiter, per singulos annos, tres solidos michi et successoribus meis solvenda, ab omni alio redditu facio libera, quorum hec sunt nomina : altare de Montenoicurte, unum ; altare de Tilleio, secundum ; altare de Rokelancurte, tercium ; altare de Wanketinio, quartum ; altare de Berla, quintum.

Altaria que antea antecessor meus Gerardus confirmavit huic ecclesie et fecit libera, et nos quoque reconfirmamus et libera annuimus in hac carta ; ita ut altare Wagiaci quotannis II solidos tantum persolvat, altare Budelle III, altare Guangetini III similiter. Unde successoribus meis supplicamus coepiscopis, ut quod, pro amore Dei et salute animarum nostrarum nos fecimus, ab illis nullo modo violetur.

Ut autem carta ista firma et inconvulsa in perpetuum maneat, sigilli nostri impressione eam signavimus et archidiaconorum nostrorum et aliorum bonorum clericorum subtersignatorum testimonio corroboravimus. Signum Gerardi presbiteri atque archidiaconi. Signum iterum Gerardi, ejusdem sedis archidiaconi. Signum Mazelini, archidiaconi. Signum Warmundi, archidiaconi. Signum Franconis, archidiaconi. Signum Widonis, archidiaconi. Signum Sigerici, archidiaconi. Signum Viberti, decani (1) ejusdem loci. Signum Cristiani, prepositi (1). Signum Anastasii, presbiteri (1). Signum Goislani, presbiteri.

Actum est autem hoc anno ab incarnatione Domini millesimo. septuagesimo. IIII., indictione duodecima regni Henrici regis, vicesimo tercio presulatus domini Lietberti episcopi.

Indiqué : Locrius, *Chronicon belgicum*, p. 195.
FANIEN, *Histoire du Chapitre d'Arras*, p. 41.

N. B. — *Henrici*, dans la formule de datation, ne désigne pas le roi de France de ce nom, qui était mort en 1060, mais Henri IV, élu Roi de Germanie en 1053, et qui, à partir de 1050, prit dans les actes le titre de Roi des Romains. La formule qui précède eût donc dû être complétée ainsi : « ..... Regni Henrici, regis Romanorum ». — De plus, il y a lieu de remarquer qu'il résulte de cette date que saint Lietbert s'est assis sur le trône épiscopal de Cambrai en 1051, comme l'indique l'abbé Chevalier (*Répertoire*, colonne 1,389), et non en 1049, suivant le *Gallia* (t. III, p. 20), puisque, en 1074, 12e de l'indiction, il était dans la 23e année de son épiscopat. — Cf. Gams, *Series episcoporum*, p 526.

3

Folio 56, recto.

S. D. (1094, *24 février*). — Le pape Urbain II enjoint aux abbés de St-Vaast, de Marchiennes, d'Hasnon et d'Anchin, et aux abbesses de Denain et d'Etrun de reconnaître l'autorité de l'évêque d'Arras Lambert. Il rétablit l'ancienne séparation entre le siège épiscopal d'Arras et celui de Cambrai.

Imprimé : Baluze, *Miscellanea*, t. II, p. 133.
D'Achery, *Spicilegium*, t. III, p. 423.
Migne, *Patrologia*, t. CLI, p. 382.
Mansi, *Concilia*, t. XX, p. 674.

Indiqué : Jaffé, *Regesta pontificum Romanorum*, t. I, n° 5514.

Variantes : Ricardo Marchiensi, Alberto Hannonensi, Aimerico Aquichinensi.

4

Folio 13, verso.

S. D. (1094, *23 mars*). — Le pape Urbain II décide que dorénavant l'Eglise d'Arras, séparée de celle de Cambrai, aura son évêque propre.

Imprimé : Baluze, *Miscellanea*, II; 133. — D. Bouquet, *Recueil des Historiens de France*, XIV, 749. — D'Achery, *Spicilegium*, II, 425.

(1) *Cart :* De ami, propositi, presberi.

Imprimé: MARLOT, *Metr. Rem.*, II, 209.

MANSI, *Concilia*, XX, 668.

MIGNE, *Patrologia*, CLI, n° 5512

TERNINCK, *Essai historique sur l'ancienne cathédrale d'Arras*, p. 89 (Assigne à cette bulle l'année 1093).

Variantes: Athrebatum, Sardiense concilium, Ostrevandensis.

5

Folio 23, recto

1102, *11 avril.* — Henri, abbé de St-Vaast, confirme la donation faite par Alold (1), son prédécesseur, à l'Eglise et à l'évêque d'Arras, de la moitié du vivier des Brones.

In nomine sancte et individue trinitatis, Patris, Filii et Spiritus Sancti, Amen.

Ego Henricus, Dei misericordia abbas ecclesie beatissimi confessoris Christi Vedasti, ea que a predecessore meo domno Alaldo, viro religioso, inchoata sunt bona, pro posse meo perficere curavi. Unde notum volo fieri presentibus et futuris ecclesie sancte filiis, quod idem predecessor meus, nostris (2) monachis, videlicet sanctissimi patris nostri Vedasti, presentibus, et benigne assensum prebentibus, dimidietatem vivarii quod dicitur Brones ecclesie beatissime Dei genitricis Marie, domno quoque Lamberto episcopo suisque successoribus jure perpetuo possidendam, donavit. eandemque donationem scripture sigillique sui munimento se firmaturum spopondit. Sed, quia Dei omnipotentis dispositio eum non multo post de carnis hujus ergastulo eduxit, promissa adimplere non potuit. Ego igitur, qui ei in regimine, Deo miserante, successi, ut inviolabilis gratia familiaritatis inter ecclesias ecclesiarumque rectores subditosque vigeat, per hanc presentem paginam sigillique mei impressionem donationem illam Deo confirmo et corroboro.

Facta est autem donatio illa anno incarnati verbi Dei, millesimo, centesimo primo, indictione tercia decima, III idus aprilis, in capitulo beati Vedasti. Quam si quis violare presumpserit, iram Dei omnipotentis et beate Dei genitricis sanctique Vedasti incurrat et donec satisfecerit excommunicationi subjaceat.

6

Folio 55, verso.

1104, *5 mars.* — Le pape Pascal II confirme l'évêque Lambert dans les prérogatives de la dignité épiscopale et l'Eglise d'Arras dans ses possessions.

Paschalis episcopus, servus servorum Dei, venerabili fratri Lamberto, Atrebatensi episcopo, ejusque successoribus canonice promovendis inperpetuum.

(1) Cette charte permet de corriger une erreur du *Gallia christiana*. D'après lui (III, 381), l'abbé Alold ne serait mort qu'en 1104. Il résulte de l'acte ci-dessus qu'il est mort peu de temps après le mois d'avril 1102, et qu'Henri, son successeur, a été élu en cette année. MM. de Cardevacque et Terninck suivent la chronologie du *Gallia* dans leur *Hist. de l'abbaye de St-Vaast* (p. 114 et 124).

(2) *Cart.* : nobis.

Sicut injusta poscentibus nullus est tribuendus effectus, sic legitima desideran-
tium non est differenda peticio. Te igitur, dilectissime ac reverendissime frater, quem in
Atrebatensi ecclesia predecessor noster, Domino restituente, constituit, nos quoque cum
divini favoris presidio in episcopalis dignitatis functione firmamus. Quicquid autem predicte
ecclesie beatus Remigius contulit, quicquid antiquis temporibus, dum episcopali dignitate
polleret, eam possidere constiterit, salvis legalibus institutis et Romane ecclesie privilegiis,
ratum tibi ac successoribus tuis permanere sancimus. In quibus nominatim confirmamus
prefate ecclesie villam Maroel et Estrom et molendina duo, alterum infra murum Atrebatensem,
alterum quod Eschofol dicitur. Squaviam cum Monte Sancti Eligii. Silvam (1) S^{ti}-Leodegarii,
Rodulficurtem, Medunvillam, Sanctum Martinum, Halcurt, Lambres, decimam Juviniaci.
Villas quoque in Cameracensi episcopatu constitutas : Orchos et Sambucetum, quas idem
beatus Remigius (2), ex dono Loudovici regis Francorum, contulit in alimoniis clericorum
Atrebatensi ecclesie, in testamento suo firmavit. Quicumque preterea bona in presentiarum
prefata ecclesia juste possidet, sive in futurum, concessione pontificum, liberalitate principum
vel oblatione fidelium, juste et canonice poterit adipisci, firma tibi tuisque successoribus et
illibata permaneant.

Decernimus ergo, *etc.*

Preterea beati Prejecti martyris monasterium, quod in Bethuniensis castelli territorio [in]
parrochia (3) Fuscharies situm est, sub tuo ac successorum tuorum jure seu dispositione inperpetuum manere sancimus et proprium deinceps, largiente domino, abbatem juxta beati
Benedicti regulam habere decernimus, qui ab episcopo Atrebatensi benedictionem accipiat.
Si qua sane ecclesiastica *etc...* inveniant. Amen.

Scriptum per manum Raineri scriniarii regionarii et notarii sacri palatii. Datum Laterani III
nonas Martii, per manum equitii agentis vicem cancellarii, indictione XII, incarnationis
dominice anno M°. C°. IIII°, pontificatus autem domni Paschalis secundi pape V°.

Indiqué : JAFFÉ, t. I, n° 5974.

7

Folio 14, verso.

**1107, 7 juin. — Statuts du Concile de Troyes relatifs au différend pendant entre l'Eglise
d'Arras et l'abbé de St-Vaast, au sujet de la chapelle de St-Maurice.**

In nomine Patris et Filii et Spiritus Sancti. Amen.

De querela pro capella Sancti Mauritii inter canonicos Sancte Marie Atrebatensis et
abbate[m] Sancti Vedasti habita, sic apud Trecas, jussu et assensu domni Paschalis, pape II,
est determinatum : quatinus parrochiani Sancte Marie in die natali Domini et in die sancto
Pasche et in die Pente[c]ostes ad principalem et matrem Sancte Marie ecclesiam conveniant,

(1) *Cartul.:* Silvuam.

(2) Le testament de saint Rémy est généralement daté de l'année 533 (Mirœus, *codex donationum piarum*
p. 1. — Mirœus, *Opera diplomatica,* t. I, p. 84. — Wauters, *Table chronol. des chartes et diplômes
imprimés,* p. 28, n° 533.

(3) *Cartul. :* Parrochiam.

et oblationes suas inibi sollenniter exsolvant et sacramentum corporis et sanguinis Dei ac Domini Nostri Jhesu-Christi ibidem percipiant. Ceteris autem diebus a domo Hatonis usque ad domum Bonardi commanentium et convenientium ad predictam capellam oblationes non prohibemus.

Actum est in presentia venerabilium episcoporum Johannis Morinensis, Godefridi Ambianensis, Gualonis Parisiensis et ejus archidiaconi Guillelmi, et Clarebaldi Atrebatensis archidiaconi, et Lamberti religiosi abbatis Sancti Bertini.

Ut autem ista determinatio, que ab auctoritate donni pape descendit, firma et inconvulsa permaneat, ego Lambertus, Dei miseratione Atrebatensis episcopus, sigillo nostre humilitatis eas sollicite confirmare studui, tempore Donni Henrici, Sancti Vedasti abbatis, anno Dei Christi M⁰. C⁰. VII, indictione XV, VII idus Junii.

Cf. GUIMANN, *Edition Van Drival*, p. 145.

8

Folio 7, verso.

S. D. (1113, *9 avril*). — Le pape Pascal II tranche le différend pendant entre l'Eglise d'Arras et l'Abbaye de St-Vaast relativement aux chapelles de Ste-Croix et de St-Maurice.

Imprimé: GUIMANN, *Edition Van Drival*, p. 149.
BALUZE, *Miscel.*, t, II, p. 155.
BRIAL, *Rec. des Hist. de France*, t. xv, p. 51.
MIGNE, *Patrol.*, t. 163, p. 294.
PFUNG-HARTUNG, *Acta*, t. I, p. 104.
Indiqué: JAFFÉ, *Reg. pontif.*, t. I, n° 6345.
LOCRIUS, *Chronicon belgicum*, p. 226.

9

Folio 16, recto.

S. D. (v. 1113). — L'évêque Lambert fixe la division entre la cité et la ville d'Arras.

Parrochiani Sancte Crucis de veteri burgo. Guibertus, ubi modo manet Gerardus Sarracenus; Hugo Platacauda, ubi modo manet Hiluinus; Guillevoldus, ubi modo camba Gerardi; Ulricus, ubi modo camba Hilgoti; Andefridus Medicus, ubi modo Gualterus Boistels; Guarnerus, ubi modo uxor Hubardi; Gislebertus Sœceria, ubi modo Galvaterus filius ejus; Bernardus de Rovroi, ubi modo Albricus Faber; Guido, ubi modo Ada, uxor Roberti; Oramnus, Rainardus, Guanterius, ubi modo Ingelbertus Belo, et, Alerannus, ubi modo Godefridus; Seifridus, ubi modo Gunterus, homo Alelmi; Radulfus Parvus, ubi modo filia ejus Mainserdis; Godefridus, ubi modo cambe Iberti; Tiezzo de Carnerio, ubi modo Gerardus filius Hugonis; Gerboldus, ubi modo filia Guenemari; Tietboldus, ubi modo filii Othonis; Rainerus Mantelarius, ubi modo Robertus Clericus ; Tiezo pater Abonis, ubi modo Gerardus Paganus; Geroldus, ubi modo Gualterus filius Dodonis; Lietgardis, ubi modo Robertus Nauns ; Gualterus serviens Manasse, ubi modo Alelmus.

Ceteri vero omnes circummanentes, usque ad divisionem parrochiarum Sancti Salvatoris et Sancti Gaugerici, sunt de novo burgo.

Hec est divisio veteris ac novi burgi jussu donni P. papo, inter canonicos et monachos Atrebatenses, a me Lamberto Atrebatensi episcopo diligenter inquisita et ventilata et in presentia testium subscriptorum, canonicis data.

S. Clarebaldi (1) archidiaconi. S. Roberti archidiaconi. S. domni Gerardi. S. domni Richerii. S. domni Odonis. Signum decanorum Mascelini, Gerardi, Azonis, Roberti, Radulfi. S. presbiterorum Evrulfi, Rogeri, Balduini, Henrici, Adam, Gualberti, Disderi. S. canonicorum Duacensium : Amandi, Odechini. S. canonicorum Lensensium: Hiluini, Guagonis, Johannis, Arnulfi, Alelmi.

10

Folio 9, verso.

S. D. (1113-1115). — Le pape Pascal II ordonne que l'abbé de St-Vaast et le Chapitre d'Arras observent respectivement la division entre la cité et la nouvelle ville, telle qu'elle a été faite par l'évêque Lambert.

Paschalis episcopus, servus servorum Dei, venerabili fratri L., Atrebatensi episcopo, salutem et apostolicam benedictionem. Veteris ac novi burgi divisionem, sicut sollicitudini tue commisimus, ita etiam repetita preceptione committimus. Abbati vero Sancti Vedasti presentibus scriptis precipimus ut divisionem per te discussam omnino suscipiat. Neque enim aliquatenus de tua sinceritate diffidimus quando terminos illos, quanta potueris veritate, perquiras. Porro siquidem primitiarum, decimarum et sollennium oblationum que in carta judicii determinate sunt ab abbate, post judicii nostri diffinitionem presumptum constat, clericis restituendum precipimus.

Rursum si clerici oblationes gratuitas vel elemosinas monasterio delegatas preripuerint, monachis cum pace restituant. De cetero judicium, sicut a fratribus nostris datum est, omnino facias conservari.

Decimas de burgo ita sano intellectu sentimus, id est de terre frugibus, de animalibus, sive de ceteris que burgensium illorum laboribus comparantur. Si qua vero pars his constitutis obedire contempserit, tua interest eos, exhibendo (2) justiciam, cohercere.

Imprimé: LŒWENFELD. *Epist.*, p. 72.
Indiqué: JAFFÉ, *Reg. pont.*, t. 1, n° 6422.

(1) *Cart.* : Glarebaldi.
(2) *Cart.* : exhibendam.

Folio 49, recto.

1115, *2 décembre*. — **Le pape Pascal II confirme le siége épiscopal d'Arras dans son autonomie, dans ses droits et dans ses possessions.**

Pascalis episcopus, servus servorum Dei, venerabili fratri Roberto Atrebatensis (1) ecclesie episcopo ejusque successoribus canonice substituendis inperpetuum. Officii nostri nos hortatur auctoritas, *etc.* Statuimus enim ut eidem ecclesie episcopalis dignitatis status, sicut hodie est, ita inperpetuum perseveret. Quicquid autem predicte ecclesie beatus Remigius contulit : Orcos videlicet et Sambucetum, et quicquid antiquis temporibus, dum episcopali dignitate polleret, eam possidere constiterit, ratum tibi ac tuis successoribus sanctimus permanere. In quibus nominatim archidiaconias duas, quarum una Atrebatensis, altera dicitur Obstrevandensis, prefate ecclesie confirmamus, et illos omnino limites inter Atrebatensem et Cameracensem ecclesias fore precipimus, quos antiquitus fuisse, vel scriptorum monumentis, vel territoriorum direptione, vel certis aliquibus indiciis constat, ut, annuente Deo, ecclesiarum pax nulla occasione turbetur, et que pro fidelium salute statuta sunt, perhenni tempore inconvulsa stabilitate persistant.

Abbatias igitur que infra Atrebatensis episcopatus limites site sunt, videlicet Sancti Vedasti de Nobiliaco, Sancte Rictrudis Marcianencis, Sancti Petri Hannoniensis, Sancti Salvatoris Acquicinensis, Sancti Vindiciani de Monte Sancti Eligii, Sancte Ragenfledis de Domniaco, Sancte Marie de Strummo et monasterium Sancti Prejecti de Bitunia, tibi tuisque successoribus legitimis subjectas esse et earum abbates vel abbatissas canonice obedire precipimus.

Partem quoque decanie de Vals que infra limites Atrebatensis territorii sita est, scilicet ecclesias de Baincort, de Vallibus, de Nugerol, de Chaom, de Prodovilla, de Cavengnicort, de Servin, de Halcurt, de Sclusa, de Haicort, cum appenditiis earum, Atrebatensi ecclesie manere sancimus.

Porro ad victum et ad mensam episcopi Atrebatensis altaria de Aviuns, de Ailois, de Menricurt, et altare Sancti Martini de Hinnino Ranardi nec non et Mareolum cum silva, terra, aqua, molendinis, furno, hospitibus et molendinum de Scheufol et molendinum aliud cum duobus furnis et camba et hospitibus infra Atrebatum, et terras et vivarium de Bronis ; que omnia predecessor tuus, bone memorie Lambertus episcopus, in vita sua tenuit, statuimus integra et quieta conservare.

Sententiam vero illam Calcedoniensis concilii qua dicitur : « Si quis ex alia in aliam translatus fuerit ecclesiam, prioris ecclesie rebus in nullo communicet », tibi et ecclesie tue tenendam perpetuo censemus et confirmamus.

Ad hec adicientes decernimus ut nulli omnino hominum liceat etc.... Si qua igitur etc.... inveniant. Amen.

Scriptum per manum Gervasii, scriniarii regionarii et notarii sacri palacii. Data Laterani per manum Johannis, Sancte Romane ecclesie diaconus cardinalis ac bibliothecarii IIII nonas

_____

(1) *Cart.* : Atrebatensi.

decembris, indictione IX[a], Incarnationis dominice anno M[o]. C[o] XV[o], pontificatus autem domni Paschalis secundi pape anno XVII[o].

Indiqué: JAFFÉ, *Reg. pont.* t, i, n° 6480.

N.-B. — L'année 1115, 17me du Pontificat de Pascal II, correspond à la 8me et non à la 9me indiction. Il y a donc lieu de corriger la date ainsi : IIII nonas Decembri *Indictione VIII[a]*, Incarnationis dominice anno M[e] C[o], XV[o].

12

Folio 50, recto.

1119, *1er janvier*. — Le pape Gélase II, à la demande de l'évêque Robert, confirme les bulles de ses prédécesseurs relatives au siège épiscopal d'Arras, en y ajoutant quelques dispositions.

Gelasius episcopus, servus servorum Dei, venerabili fratri Roberto, Atrebatensi episcopo, ejusque successoribus canonice instituendis, inperpetuum. Certum apud nos constat, qui negotii intercessores et participes fuimus, quod institutor et predecessor noster sancte memorie . Urbanus papa, ad Remensis metropolis provintiam redintegrandam animum intendens, Atrebatensem ecclesiam in antiquum episcopalis dignitatis statum reparare curavit. Unde in ea felicis memorie Lambertum episcopum religiosum ac venerabilem virum unanimi cleri plebisque consensu Atrebatensis electum, consecrans eum beato Vedasto et sanctis, qui in Atrebatensi urbe quondam presederant pontificibus, constituit successorem (.... *Dispositif analogue à celui des bulles précédentes)....* Adicimus ut custodiam altaris sancte Marie Atrebatensis ecclesie et altaria de Hinnino Majori, de Aviuns, de Ailnes, de Menricurt, de Armenteris, hospites quoque infra Atrebatum et molendinum et duos furnos et cambam unam et vivarium de Brones et terram arabilem pertinentem ad dominicatum episcopi Atrebatensis, et Mareolum cum omnibus appendiliis suis, videlicet hospitibus, molendinis, furno, terra arabili, silva cum piscatorio et molendinum de Escheufol, Atrebatensis episcopus in manu sua teneat. Decernimus ergo ut nulli omnino hominum liceat Atrebatensem ecclesiam temere perturbare aut ejus possessiones auferre, vel ablatas retinere, minuere, vel temerariis vexationibus fatigare, sed omnia integra conserventur, tam tuis quam clericorum et pauperum usibus profutura. Si qua igitur *etc.....* inveniant. Amen. Amen. Amen.

Data Valentie per manum Grisogoni, sancte Romane ecclesie diaconi cardinalis, Kalendis Januariis, indictione XII, Dominice incarnationis anno millesimo. C[o]. XVIIII[o], pontificatus autem domni Gelasii secundi pape anno primo.

Imprimé: LŒWENFELD, *Epistolæ,* p. 79.

Indiqué: JAFFÉ, *op. cit.* 1, 6678.

N. B. — Ce pape suivait pour dater ses actes le calcul pisan. L'année 1119 est bien la 12e de l'indiction et encore la première du Pontificat de Gélase II, élu le 25 janvier 1118. Il faut donc dater la bulle du 1er janvier 1119, *n. St.*

13

Folio 48, recto.

1119. *22 novembre.* — **Le pape Calixte II, à la demande de l'Evêque Robert, détermine les limites du Diocèse d'Arras, en soumettant à la juridiction épiscopale toutes les abbayes qui y sont situées. Il confirme de plus l'Evêque dans la possession de ses autels et de ses droits.**

Calixtus episcopus, servus servorum Dei, venerabili fratri Roberto, Atrebatensi episcopo, ejusque successoribus canonice substituendis inperpetuum, *etc.*

Data Belvaci, per manum Grisogoni, Sancte Romane ecclesie diaconi cardinalis ac bibliothecarii, X° Kalendas decembris, indictione XII[n], (1) pontificatus autem domni Calixti, secundi pape, anno primo.

    Imprimé : ULYSSE ROBERT, *Bullaire du pape Calixte II.*

    Indiqué : JAFFÉ, *loc cit.* n° 6788.

    N. B. Les synchronismes de la date contiennent une erreur ; l'année 1119, 1re du Pontificat de Calixte II, correspond à la XIIe et non à la XIIIe de l'indiction. Il faut donc lire: *Indictione XII*a au lieu de : *indictione XIII*a, que donne notre cartulaire.

14

Folio 46, recto

1135. — **Le pape Innocent II, à la demande de l'Evêque Alvise, et à l'exemple de ses prédécesseurs, confirme le siège épiscopal d'Arras dans ses prérogatives et dans ses possessions.**

Innocentius episcopus, servus servorum Dei, fratri Alviso Atrebatensi episcopo ejusque successoribus canonice substituendis, inperpetuum. Cum omnibus ecclesiis et personis ecclesiasticis ex apostolice sedis auctoritate debitores existere debeamus, pro nostris tamen fratribus episcopis et ecclesiis eorum regimini commissis, tanto nos amplius convenit esse sollicitos quanto ipsorum devotionem erga sanctam Romanam ecclesiam ferventiorem esse cognoscimus atque beato Petro specialius inherent.

Proinde, venerabilis frater Alvise, tuis justis postulationibus clementer annuimus et Atrebatensem ecclesiam, cui, auctore Deo, preesse dinosceris, Apostolice Sedis privilegio communimus. Ad exemplar igitur predecessorum nostrorum felicis memorie Urbani et Paschalis, Romanorum pontificum, ejusdem ecclesie episcopalem dignitatem, sicut hodie est, presentis scripti (2) pagina roborantes, statuimus ut quicquid predicte ecclesie beatus Remigius contulit, videlicet Orcos et Sambucetum, quecunque eciam eadem ecclesia in

    (1) *Cartul.*: indictione XIIIa.
    (2) *Cart.* : Scriptis.

presentiarum juste et legitime possidet, aut in futurum poterit adipisci, tibi tuisque successoribus confirmamus, in quibus hec propriis nominibus annotanda subjunximus :

Archidiaconias duas, Atrebatensem scilicet et alteram que Obstrevadensis dicitur. Illos etiam limites inter Atrebatensem et Cameracensem ecclesias esse sanctimus quos antiquitus fuisse, vel scriptorum monumentis, vel territorium divisione, vel ceteris aliquibus indiciis constat, ut, annuente Deo, ecclesiarum pax nulla occasione turbetur et que pro fidelium salute statuta sunt, perhenni tempore inconvulsa stabilitate persistant.

Abbatias quoque infra Atrebatensis episcopatus limites sitas, videlicet Sancti Vedasti de Nobiliaco, Sancte Rictrudis Marcianensis, Sti Petri Hasnoniensis, Sti Salvatoris Aquicinensis, Sti Vindiciani de Monte Sti Eligii, Ste Ragenfledis de Dominiaco, Ste Marie de Strumo et monasterium Sti Prejecti de Bitunia, tibi tuisque successoribus subjectas esse et earum abbates vel abbatissas canonice obedire precipimus.

Partem decanie de Vals, que infra limitem Atrebatensis territorii sita est. Ecclesias scilicet de Baioncurt, de Vallibus, de Nugerol, de Chaom, de Prodovilla, de Cavuengnicurt, de Serving, de Halcurt, de Sclusa, de Hailcurt, cum appenditiis earum.

Porro ad victum et ad mensam episcopi Atrebatensis Altaria de Avions, de Ailois, de Menricurt et altare Sancti Martini de Hinnino Rainardi, nec non et Mareolum cum silva, terra, aqua, molendinis, furno, hospitibus et molendinis de Scheufol, et molendinum aliud cum duobus furnis et camba et hospitibus infra Atrebatum (1) et terras et vivarium de Bronis. Que omnia, quia predecessor tuus, recolende memorie Lambertus episcopus, in vita sua noscitur tenuisse, vobis nichilominus confirmamus.

Altare quoque de Monci et Gammapio, altare Sti Martini, altare de Athlus cum appenditiis suis Vulpi et Vulgelval, altare de Reincurt cum appenditiis suis, altare de Mirelmont, altare de Curceles, altare de Gummecurt et Ste Marie de Postinvileir, altare de Hirvilleir et Bahangiis, altare de Bulgi, altare de Hangra, altare de Ruith, altare de Brevi, altare de Gotnai et Heldiniul, altare de Camlin, altare de Moresch et Hamilirs et Tungr, altare de Herliis, altare de Otbertio, altare de Armentiers, altare de Salti.

Sententiam vero illam Calcedonensis concilii, etc..... Decernimus ergo ut nulli omnino hominum etc..... Si qua igitur in futurum..... inveniant. Amen.

Actum anno Domini Mo. Co. XXXo Vo.

Indiqué: JAFFÉ, *op. cit.*, t. 1, no 7670 (Analyse inexacte)

13

Folio 22, verso.

1137. — **Renaud, archevêque de Reims**, notifie l'accord intervenu entre **Alvise, évêque d'Arras**, et **Hugues, abbé de Blangy**, au sujet de l'autel de **Quiéry-la-Motte**.

In nomine Patris *etc*..... Pastorali cura *etc*..... Eapropter ego Rainaldus, divina miseratione Remorum archiepiscopus, tam presentium quam futurorum noticie manifestare dignum duxi controversiam, que inter venerabilem fratrem nostrum Alvisum Atrebatensis ecclesie episcopum, et Hugonem Abbatem Blandiacensem de altari de Chiri versabatur, in presentia nostra, hoc

(1) *Cart.* : Atrebatam.

3

modo esse terminatam, videlicet quod ecclesia Blangiacensis pro medietate predicti altaris ab episcopo tunc sibi concessa, tres marcas argenti et dimidiam in terminis constitutis episcopo ejusque successoribus, singulis annis persolvet imperpetuum ; verum alteram partem altaris predicta ecclesia ab antiquo libere et quiete possidebat. Ut autem *etc.*

Signum Josleni, Suessionis episcopi. Signum Bartholomei, Laudunensis episcopi. Signum Joffridi, Catalaunensis episcopi. Signum Symonis, Noviomensis episcopi. Signum Milonis, Morinensis episcopi. S. Guillelmi. S. Hugonis archidiaconi. Signum Frederici prepositi. Signum Leonis decani. Signum Gervasii cantoris. S. Henrici. S. Gregorii, presbiterorum.

Actum Remis anno Incarnati Verbi M°. C°. XXX°. VII°, indictione XV, regnante Ludovico Francorum rege anno XXX°, archiepiscopatus autem domni Rainaldi anno XII°. Drogo cancellarius recognovit, scripsit et subscripsit.

16

Folio 47, recto.

1140, 1ᵉʳ avril. — Le pape Innocent II confirme de nouveau l'Evêque Alvise dans ses droits relatifs aux abbayes, dîmes et églises de son diocèse, en ajoutant quelques nouvelles dispositions à la bulle précédente (n° 14).

Innocentius episcopus *etc.* In apostolice sedis specula, disponente Domino constituti, fratres nostros sincera debemus caritate diligere et ecclesiis sibi commissis suam justiciam conservare *etc. dispositif analogue à celui de la bulle qui précède, en ajoutant* : nec non Sᵗᵉ Marie de Avennis, Sᵗⁱ Nicholai de Arrowasia, Sᵗᵉ Marie de Aiulcurt, Sᵗⁱ Martini de Hennin, Sᵗᵉ Marie de Casa Dei et Sᵗⁱ Amandi de Mareolo, *etc.* Ipsam Civitatem Atrebatensem, cui, disponente Deo, preesse dinosceris, omnes hospites [qui] infra vel extra murum vel intra murum burgi consistunt, ipsam quoque justiciam et omnem districtum, sicut predecessores tui tenuerunt. Vivarium etiam de Bronis et de Hamunpreit, cum molendino et camba et omnibus appenditiis suis, *etc.* Altare de Saltis, altare de Belona, altare de Atlus in Ostrevando juxta Paluel, altare de Cirici et ecclesiam de Berberiis cum appendiciis suis, *etc.*

Data Laterani per manum Aimerici, Sᵗᵉ Ecclesie diaconi cardinalis et cancellarii, kalendis aprilibus, indictione IIᵃ, Incarnationis M°. C°. XXX°. VIIII°, pontificatus vero Domni Innocentii pape anno decimo.

Variantes : Sᵗⁱ Petri Hanonniensis, Sᵗᵉ Ragenfredis de Dominaco, Baincurt, Cavegnicurt, Alcurt, Aviuns, Raincurt, Miralmont, Gummicurt, Postinviler, Hirviler, Armentiris, Tungri.

Indiqué : JAFFÉ, t. I. n° 7962, à l'année 1139. De même, après lui, M. Ricouart (*Noms de lieux*). Pâques tombant, en 1139, le 23 avril, il faut lire 1140 (*n. St.*). Innocent II étant d'ailleurs monté sur le trône pontifical en 1130, la Xᵐᵉ année de son pontificat ne commence qu'en 1140.

17

S. D. (Vers 1144). — **Alvise, évêque** d'Arras, notifie la cession faite par le Chapitre à Gervaise, abbé d'Arrouaise, des autels de Ligescourt et de Gueudecourt, avec Beaulencourt et Horec, à charge d'une rente de 24 s. et en échange des autels de Gouy et de Bavincourt, ainsi que d'une rente de 4 sous.

In nomine Patris *etc.* Ego Alvisus *etc.* Fraterna nos invitat caritas *etc.* Notum sit ergo, tam presentium etati quam future posteritati quod fratres nostri, capitulum videlicet Beate Marie Atrebatensis, filio nostro venerabili viro Gervasio, abbati Sancti Nicholai de Arida Gamantia et capitulo suo, altaria de Legiscurt et de Geldelcurt cum appenditiis suis Bellaincurt et Horec, sub censu XX quatuor solidorum perpetuo tenenda, in presentia nostra concesserunt, idemque abbas similiter et fratres sui predicto capitulo Sancte Marie Atrebatensis altare de Goi cum appenditio suo Bavaincurt, sub censu quatuor solidorum perpetualiter tenendum contulerunt... Signum donni Leonis, abbatis Sancti Bertini. S. domni Absalon, abbatis Sancti Amandi. S. domni Gotsuini, abbatis de Aquicincto. S. domni Balduini, abbatis de Mareolo. S. Petri, prepositi Sancte Marie. S. Nicholai decani. S. Tome cantoris. S. canonicorum Herberti sacerdotis, Rollandi sacerdotis (1).

18

1145, *29 mars.* — Le pape Eugène III, à la demande de l'évêque Alvise, confirme, à son tour, le siège épiscopal d'Arras dans son autonomie, ses droits et ses possessions.

Eugenius episcopus, servus servorum Dei, venerabili fratri Alviso, Atrebatensi episcopo, *etc.* Ex injuncto nobis a Deo apostolatus officio *etc.* (*Confirmation analogue aux précédentes*) ..... Altare de Balona, Altare de Hadus in Ostrevando juxta Palnel, Altare de Ciri et ecclesiam de Berberiis, cum appenditiis suis...... Data apud Civitatem Castellanam per manum Roberti, sancte Romane ecclesie presbiteri cardinalis et cancellarii IIII kalendas aprilis, indictione VIII, Incarnationis Dominice (2) anno millesimo. centesimo. quadragesimo quinto, pontificatus vero domni Eugenii III, anno primo.

Indiqué : JAFFÉ, t. 1, n° 8726.

(1) Ce doit être la charte que le *Gallia* place entre les années 1144 et 1147, sans l'indiquer formellement. — Cf. D. GOSSE, *Hist. d'Arrouaise*, p. 30.

(2) *Cart.* : Dominie.

19

Folio 52, verso.

1152, 5 *février*.— Le pape Eugène III, à la demande de l'évêque Godescalque, confirme de nouveau le siège épiscopal d'Arras dans ses prérogatives et dans ses possessions.

Eugenius etc... Data Rome apud Sanctum Petrum, per manum Bosonis, sancte Romane Ecclesie scriptoris, nonas februarii, indictione XV, Incarnationis Dominice anno millesimo centesimo quinquagesimo secundo, pontificatus vero domni Eugenii pape III, anno octavo.

Imprimé : BALUZE, *Miscel.*, t. II, p. 170.

> MIGNE, *Patrologia*, t. 180, p. 1575 (D'après Baluze, avec de *mauvaises lectures*, telles que *Bagunils* pour *Banginiis*, *Berry* pour *Bevri*, *Cornay* pour *Gotnai*, *Hesdinvil* pour *Hesdinoeil*, *Hevlu* pour *Herlies*, *Hanubiis* pour *Hamilirs*, *etc.*)
>
> LOCRIUS, *Chron. belgic.*, p. 310.
>
> MIRÆUS et FOPPENS, *Opera diplomatica*, t. III, p. 340.
>
> TERNINCK, *Essai sur l'ancienne cathédrale d'Arras*, p. 91.

Indiqué : JAFFÉ, t. I, n° 9686.

Rectifier ainsi les noms de lieux : Sti Petri Hannoniensis,... Ste Marie de Strummo,... Baincurt,... Nugerol,... Cavenignicurt... Sclusa... Hailcurt... Aviuns... Ailois... Scheufolt... Gammapio... Haluth... Wlpx, Vlgeval... Raincurt... Postunviller... Banginiis... Rugi... Ruith... Hevri,... Gotnai... Bruai .. Hesdinoeil... Hamilirs... Tumgri... Herlies... Armenteriis... Saltis... Carenci... Atlus in Ostrevando... Sirici... Hervileir.

N. B. — La date de la Bulle, telle qu'elle est énoncée, est bonne. Le pape Eugène III commençait l'année, tantôt le 1er janvier, tantôt le 25 mars. Ici le chancelier a suivi le premier mode de comput. Le 5 février 1152 est bien, en effet, la XVe année de l'indiction et la 8e du pontificat d'Eugène III, élu le 27 février 1145. — Jaffé et Migne datent à tort, l'un du 3, l'autre du 5 février 1153.

20

Folios 18 recto et 61 recto.

1152, *30 mai*. — Accord intervenu entre le Chapitre d'Arras et l'abbaye de St-Vaast, au sujet de la paroisse de Sainte-Croix, par-devant le cardinal Jean Paparonis.

Controversia horta est *etc*...

Hec autem concordia facta est juxta hoc quod dominus papa Eugenius episcopo Godescalco scripserat (1). Huic concordie interfuerunt cum episcopo Lucas archidiaconus. Clarembaldus prepositus, Nicholaus decanus, magister Fromaldus et quidam alii canonici ;

(1) V. BALUZE, *Miscell.*, t. V, p. 428.

cum abbate vero hii monachi: Guillelmus de Stenford, Hunaldus, Baldevinus, Evrardus, custos. Facta est autem hec concordia Atrebati, anno Dominice Incarnationis Mº. Cº. Lº. IIº, IIIº kalendas Julii.

Imprimé : GUIMANN, p. 153.

Analysé : FANIEN, p. 151. — WAUTERS, *Table chronologique des diplômes imprimés*, t. VII, p. 255.

21

Folio 8, verso.

S. D. (1153, *5 février*). — Le pape Eugène III, considérant que parmi les chanoines d'Arras il en est qui vivent de l'autel sans remplir leurs devoirs ecclésiastiques, ordonne que personne ne soit dispensé du service de l'église, si ce n'est pour cause d'impossibilité évidente ou pour toute autre cause honorable.

Imprimé: MIGNE, *Patrol.*, t. 180, p. 1578. — Baluze, *Miscel.*, II, 170.
Traduit: FANIEN, *Hist. du Chap. d'Arras*, p. 153.
Indiqué: JAFFÉ, *Reg. pont.* t. II, nº 9687.

22

Folio 20, verso

1153. — Godescalque, évêque d'Arras, notifie que le chanoine Pobert et so... frère Ermenfroid Pied-d'Argent ont donné à la cathédrale une rente de 30 sous pour entretenir neuf lampes allumées devant l'image du Christ, aux principales fêtes et dimanches.

In nomine *etc.* Quoniam acta *etc.* Iccirco ego Godescalcus, Dei gratia Atrebatensis episcopus, beneficia que Robertus canonicus et frater ejus Ermenfridus (1), quibus ambobus Pes Argenteus cognomen est, ecclesie Sancte Dei genitricis Marie Atrebatensis contulerunt, litteris et memorie mandare curavi, ut sigilli mei testimonio rata facerem. Dederunt itaque pretaxati fratres, de suo patrimonio, *communiter triginta solidos et duos capones*, assignantes mansuras et tempora distinguentes a quibus et quibus predicti redditus exigendi forent et accipiendi ad hunc modum.

A Bernardo Berangario suisque successoribus pro sua mansura decem et octo solidi, ita quod in Natale Domini media pars, id est novem solidi, et in Nativitate beati Johannis totidem custodi ecclesie persolvantur. Item a Gerardo, fratre Aldefridi, suisque successoribus, pro sua mansura, undecim solidi, ita ut media pars, id est quinque solidi et dimidius in Natale Domini et in Nativitate beati Johannis totidem custodi ecclesie persolvantur. Item a Domino Luca, archidiacono, suisque successoribus, pro sua mansura, in Natale Domini XII denarios et duo capones custodi ecclesie persolvantur.

Usibus quoque ecclesie certis prememorata beneficia deputaverunt, scilicet ut ex eis novem

(1) *Cart.* : Ermefridus.

lampadibus ante vultum Christi pendentibus, lumen sumministretur, subsignatis temporibus accendendum : in vigilia Nativitatis Christi, ab hora nona usque ad finem completorii sequentis diei lumen lampadum non deficiat, totidemque horarum spatio in omnibus sollemnitatibus quas subscribimus, predictarum lumen continuandum esse statuerunt; in Circuncisione Domini, in Apparitione, in Resurrectione, in Ascensione, in Pentecosten, in sollemnitate Omnium Sanctorum et in omnibus sollemnitatibus sancte Dei genitricis Marie et in omnibus demum dominicis diebus.

Robertus vero, alter fratrum, intelligens tantillos redditus tot lampadarum luminibus per tot tempora non posse sufficere, altare de Vimmi earum luminis indigentie, me tam confirmante quam permittente, adjecit, eo videlicet tenore ut illic nunquam suis temporibus luminis copia deesset et decime lampadi versus occidentalem ecclesie partem ante turrim pendenti ex eadem copia ignis subministretur, qui omnibus et totis noctibus, si redditus suffecerint ecclesie, indeficiens luceat, finito completorio semper accendendus et mane cum aurora finem dederit extinguendus. Quod si ex his beneficiis decem lampadum lumini addictis aliquid perhabundare contigerit, in episcopi semper stet dispositione quorum sollemnitates sanctorum in eisdem igne accenso decorentur. Ne quis vero in posterum presumat predictarum lampadum honorem vel auferre vel loca ipsarum aut horas illuminationis earum commutare, divina interposita auctoritate, prohibemus.

Recitatum est hoc scriptum in synodo Atrebatensi coram me, sub his personis et testibus : Luca, archidiacono ; Clarenbaldo, preposito ; Nicholao, decano ; cantore Anselmo, Frumaldo magistro ; domnis quoque abbatibus sancte existimationis : primo domno Werrico, abbate Sancti Vedasti ; Gozuino, abbate Aquicinensi ; Hugone, abbate Sancti Amandi ; Fulcone, abbate Hannoniensi ; Hugone, abbate Marcianensi ; Radulfo, abbate de Monte Sancti Eligii ; Baldevino, abbate de Mareolo ; Symone, abbate de Aiulcurte ; plerisque preterea boni testimonii viris et canonicis Sancte Atrebatensis ecclesie : Harmaro, Ronaldo, Gillelmo, Hugone, Herberto, sacerdotibus, et inferioris ordinis multis clericis honeste vite. Actum Atrebati (1), Anno Dominice Incarnationis millesimo centesimo. LIIIº, anno vero episcopatus domni Godescalci IIIº.

Imprimé : BALUZE, *Miscel.*, t. v, p. 440.

   GOUSSET, *Les Actes de la province ecclésiastique de Reims*, t. II, p. 262.

Analysé : WAUTERS, *Table chronol.* t. II, p. 371.

23

Folio 10, recto.

S. D. (V. 1154) — **Godescalque, évêque d'Arras, confirme le Chapitre d'Arras dans ses droits et possessions.**

Ego Godescalcus, etc. Nicholao decano reliquisque fratribus ecclesie Beate Marie Atrebatensis..... *(Suit le dispositif confirmé par la Bulle d'Adrien IV, que nous donnons ci-après.)*

Variantes des noms propres : *Bailue, Gaulurde, Aselmi, Scuriaci, Calchennim, Ansain, Budella, Amelanicurte, Rochesaincurte, Galcin, Berlaidicurte, Geroldicilla, Henincurte,*

(1) *Cart.* : Atrebatensi.

Ligescurte, Bellencurte, Horcce, Lovenies, Fontainnes, Buhicurt, Ascei, Agni, Symoncurt, Davellicurt, Amsin Heldonis, Acennes, Ripelli, Nigellula, Herbustella, Cheri, Scuriacum, Squavias, Hosdain, Aesc, Fredelendis, Gudelle, Villam Batseus, de Bello Manso, Tressenes, Hosden, Bruz, Aviuns, Novam Villam Sancti Vedasti, Longues, Novillela, Warluis, Monci, Bulicult, Longa Hansta, Antuen, Hervilier, Vicardi, Saleberti.

..... Signum Guerrici, abbatis Sancti Vedasti. Signum Symonis, abbatis de Alicurte. S. Balduini, abbatis de Mareolo. S. Radulfi, abbatis de Monte S^{ti} Eligii. Signum Luce, archidiaconi. S. Hugonis, archidiaconi. Signum Clarebaldi, prepositi. S. Nicholai, decani. S. Canonicorum Frumoldi magistri, Hermari, Herberti, Hugonis de Dici, Villelmi.

24

Folio 51, recto.

1154. 23 décembre. — Le pape Adrien IV, à la demande de l'Evêque Godescalque, confirme les bulles de ses prédécesseurs relatives aux prérogatives du siège épiscopal d'Arras et à ses possessions, en ajoutant la confirmation de diverses possessions nouvelles.

Adrianus episcopus, servus servorum Dei, venerabili fratri Godescalco, Atrebatensi episcopo, *etc...* In eminenti Apostolice Sedis specula disponente, *etc. Dispositif analogue à celui des bulles précédentes, avec les variantes suivantes dans les noms de lieux:* Brodovilla,... Sarvin,... Menricort,... Sancti Martini de Hennino Rainardi,... Bronnis,... Gamapio,... Athlut,... Wlpi,... Wlgeval,... Raincurt,... Sancte Marie ad postum Viler,... Baginiis,... Ruyth,... Bevri,... Cambin,... Tungri,... Harmenteriis,... Saltis.
Nova villa, Altare de Adus in Ostrevando, Sirici et ecclesiam de Berberiis cum appenditiis suis. Preterea sancte Atrebatensis ecclesie custodiam et redditus ad ipsam et ad luminaria ejusdem ecclesie pertinentes, scilicet altare de Curceles, Gummecort, Hervileir et altare de Vimi tuis usibus et domestice necessitati confirmamus.

Decernimus ergo *etc.* Data Rome, apud Sanctum Petrum, per manum Ronaldi Sancte Romane Ecclesie presbiteri cardinalis et cancellarii, X kalendas januarii, indictione II (1), Incarnationis Dominice anno millesimo c°. quinquagesimo (2) IIII°, pontificatus vero domni Adriani pape IIII anno primo.

Indiqué : JAFFÉ, t. II, n° 9957.

25

Folio 44, recto.

1157. — Le Comte de Flandre Thierry, notifie que Roger de Wavrin, a constitué en dot, au profit de sa fille Mahaut, la dîme de la Pétrie avec Sainghin-en-Weppes et la seigneurie de Frelinghem.

In nomine Patris et Filii et Spiritus Sancti. Amen. Ego Theodoricus, Dei gratia Flandrie comes, presentibus et futuris. Divina providentia gestum esse constat ut et conjugii copula legitime celebretur et a fidelibus quibusque devotissime teneatur, cùm

(1) Il faut lire : *indictione II*, et non indictione III, comme le porte le cartulaire, l'année 1154, 1re du Pontificat d'Adrien IV, étant la 2e de l'indiction.

(2) *Cart.* : quinquaginta.

Dominus pares ab initio masculum videlicet et feminam procrearit et ad propagandam humane institutionis sobolem emiserit dicens : « crescite et multiplicamini. » Hujus benedictionis gratia, Raginaldus, Insule castellanus, Matildim, Rogeri de Waverin, dapiferi nostri, filiam, in uxorem duxit, cui in desponsatione ea que subscripta sunt in dotem dedit : Senghin in Weppes cum appenditiis suis, consulatum de Everlengeham, decimam de Petria. Hujus autem donationis testes fuerunt homines ipsius castellani : Rogerus de Waverin, Rogerus de Landast, Bernardus de Rosbais, Hugo de Aqua, Anselmus de Lambros, Ursio de Lesenes, Alardus Insule prepositus, Robertus Mantels, Gillelmus de Bundues. Huic etiam donationi homines Rogerii de Waverin interfuerunt : Petrus de le Maisnil, Johannes de Waverin, Robertus Ruffus.

Post hec autem Insule castellanus decimam a dote uxoris sue Matildis subtrahere (1) noluit, unde inter eum et Rogerum de Waverin altercatio orta est. Ad ultimum, castellanus et Rogerus facti concordes, hominum castellani judicio, illud ita reliquerunt, quod si ipsi, prefatam decimam Matildi a castellano concessam fuisse in presentia nostra testarentur, illam prout ratio exigebat, Matildis in pace et quiete cum alia dote sua possideret. Homines igitur castellani in presentia nostra Insulam convenientes, a me adjurati ut veritatem super predicta controversia recognoscerent, veritatem perscrutantes, decimam de Petria de dote Matildis, uxoris castellani, esse, me presente et Philippo et comitissa in hospicio meo in thalamo comitisse, Insule recognoverunt. Huic recognitioni interfuerunt homines qui ejusdem dotis testes superscripti sunt. Me etiam Theodericum et Sibillam comitissam et Philippum filium meum et Rogerum castellanum de Curtrai et homines suos supranominatos, Raginaldus, Insule castellanus, obsides dedit quod dos suprascripta Matildi uxori sue firma et rata possidenda (2) permaneret. Quoniam vero Senghins de feodo comitis Boloniensis descendit, sine cujus assensu donum fieri non poterat legitimum, castellanus Insule apud Lens, in presentia comitis Boloniensis, Matildim uxorem suam adduxit, et, annuente Boloniensi comite, et eodem inde existente obside, in dotem ejus Senghin firmavit. Hujus firmationis homines comitis de Bolonia testes affuerunt : Baldevinus, castellanus de Lens, Baldevinus filius ejus, Helbertus de Karenchi, Hugo Plochez, Rogerus de Lens, Anselmus de Dovrin, Nicholaus de Huluce, Lambertus de Aviuns, Guiffridus de Avions, Baldevinus de Builli, Petrus frater ejus. Ut autem hujus dotis donatio et recognitio rata et inconvulsa in posterum permaneat, sigilli nostri testimonio presentem paginam roborari fecimus.

Actum anno Incarnati Verbi millesimo. centesimo. quinquagesimo septimo.

26

Folio 17, recto.

1158. — **Samson, archevêque de Reims, légat du St-Siège, notifie l'accord intervenu entre le chapitre d'Arras et l'abbaye de Bourbourg, au sujet des dîmes de Pintignie et du Bru ainsi que la délimitation des paroisses de Flines et de Coutiches.**

In nomine *etc.* Ego Samson, divina miseratione Remorum archiepiscopus, Apostolice Sedis legatus, universis sancte matris ecclesie filiis tam futuris quam presentibus imperpetuum.

(1) *Cart.* : Subthraere.

(2) Le mot *possessio* du Cartulaire est en trop ou doit être changé en celui de *possidenda*, comme nous l'avons fait.

Ad sempiternam capituli Beate Marie Atrebatensis et ecclesie Bruburgensis pacem, ne per controversiam, licet bene terminatam, inconvenienter tamen ad posterorum cognitionem translatam, in antiquam revocentur litem, notum fiat causam inter predictas ecclesias habitam pro tercia parte decime terrarum de Pintengies et de Bru, cujusdam videlicet territorii quod situm est inter parrochiam de Feniles, que ad ecclesiam Atrebatensem pertinet, et parrochiam de Costices, que ad ecclesiam Bruburgensem spectat, in presentia nostra et domni Balduini, Noviomensis episcopi, compositione hujuscemodi decisam esse:

Cum ecclesia de Felines antedictam decimam longo tempore et quiete possedisset, abbatissa quoque de Bruborc causaretur eandem de jure suo esse, tamquam positam infra limites parrochie sue, utraque ecclesia, Atrebalensi scilicet et Bruburgensi annuente, constituimus et qui nobiscum erant mediatores pacis, ut medietatem illius decime, de qua agebatur, haberet ulterius ecclesia de Costices; medietatem haberet alteram ecclesia de Feniles, que ante totam habuerat, ita quod communi consilio et ad commune commodum ecclesia Beate Marie Atrebatensis et ecclesia Bruburgensis decimam illam infra territorium de quo est in loco aliquo ad hoc competenti, sub fideli custodia colligi faciant et collectam in duas equas partes dividant, ut unaqueque ecclesiam suam habeat et quo volet asportet vel ducat, et hoc quotannis fiat.

Territorium autem cujus decima communis est, prenominatis ecclesiis limitibus his comprehenditur: terra Ilberti de Helengies, fratris Rogeri de Helengies et Bernardi, tota est de territorio illo, et terra Odonis de Pintengies, secundum quod via dirigitur, usque ad pratum Gualerici de territorio illo est. A prato igitur Gaulerici et a loco qui dicitur Culmonz usque ad Truncum de Bovengies et a nemore de Bovengies usque ad domum Roberti Boistel, tercia pars totius decime terre arabilis communis est ecclesie de Felines et de Coistices, excepta decima duorum curtilium de qua controversia non fuit, que tota est presbiteri de Felines. Subsides aut infra terminos supradictos manentes et minute decime eorum et oblationes pertinent ad ecclesiam de Coistices.

Preterea divisio parrochiarum Feniles et Coistices nominatis est designata terminis, ne postmodum inter eas emergat nova questio de finibus suis. Domus Laurentii et domus Alexandri pertinent ad Feniles; Roigerus Boisteus, ad Coistices, et tocius terre quam natatoria dividit usque ad ponticulos, pars orientalis pertinet ad Coistices, pars occidentalis ad Feniles. Terra etiam Asconis Figuli, inter duas vias posita, pertinet ad Feniles. Terra Lamberti Figuli, inter duas eque vias, ad Coistices. Domus Bernardi de Helengies et quicquid inter domum ipsius et monasterium de Coist[i]ces interjacet, pertinet ad Coistices.

Igitur, ne qua ecclesiastica secularisve persona, *etc...* Signum domni Balduini, Noviomensis episcopi. Signum Symonis, Ailcurtensis abbatis. S. Bartholomei, signum Bosonis, archidiaconorum. S. Drogonis prepositi. S. Leonis decani. S. Gregorii cantoris. Signum Henrici, signum Thome, presbiterorum. S. Hernulfi, s. Letoldi, diaconorum. S. Milonis, Morinorum archidiaconi. S. Meinardi, s. Hugonis, Betuniensis ecclesie presbiterorum.

Actum Remis, anno Incarnati Verbi M°. C°. L. VIII°.

Original: ARCHIVES DÉPARTEMENTALES, *titres du Chapitre d'Arras,* carton F.-H.

Imprimé: Fragment dans DE COUSSEMAKER, *Notice sur les archives de l'abbaye de Bourbourg,* p. 46.

Anal: WAUTERS, *Table chron.,* t. II, p. 412.

27

S. D. (1154-1159) — **Le pape Adrien IV confirme l'abbaye de Flines dans ce qu'elle possède, les droits de l'évêque réservés.**

Adrianus episcopus, servus servorum Dei, dilectis filiis Clarembaldo preposito, Nicholao decano ceterisque fratribus ecclesie Ste Marie Atrebatensis, salutem et apostolicam benedictionem. Quotiens super bonis ecclesiasticis auctoritatis nostre presidium imploratur, decet nos animo libenti concedere et petentium desideria effectu prosequente complere. Quocirca. dilecti in Domino filii, vestris justis postulationibus grato concurrentes assensu, quicquid ecclesia de Felinis, que ad vestrum jus dicitur pertinere, a quadraginta retro annis legittime sine aliqua interruptione possedit, salvo quidem episcopali jure, vobis auctoritate Sedis Apostolice confirmamus et presentis scripti patrocinio communimus. Antiquam etiam consuetudinem que in Atrebatensi ecclesia inolevit, quod videlicet, defuncto canonico, stipendia prebende ipsius per annum presbiteris ecclesie conceduntur, qui missas, psalmos et orationes pro anima defuncti debeant cotidie celebrare, auctoritate apostolica similiter roboramus et eam presenti scripto duximus muniendam, statuentes *etc.*, si quis autem *etc.*

Indiqué: JAFFE, *op. cit.*, n° 10431.

28

S. D. (1154-1159). — **Le pape Adrien IV confirme l'Église d'Arras dans ses autels, églises, possessions et revenus.**

Adrianus episcopus, servus servorum Dei, dilectis filiis Clarebaldo preposito, Nicholao decano ceterisque canonicis Atrebatensis ecclesie ,tam presentibus quam futuris, in perpetuum.

Effectum justa postulantibus indulgere *etc...* Eapropter *etc...* In quibus hec propriis duximus exprimenda vocabulis :

Altare de Bailoes et de Borich, sicut Robertus prepositus tenuisse dinoscitur ; altare de Herbusterna ; altare de Roveroio ; altare de Servin in Gauharia ; altare de Nigella juxta Vermellam, salvo jure episcopi et ministrorum ejus.

Unum modum vini carioris quem annuatim custos debet vobis in Nativitate beate Marie de redditibus principalis altaris et duas partes oblationum omnium que fiunt infra ecclesiam et atrium Beate Marie in Assumptione et Nativitate ejusdem Virginis ab hora nona in vigilia usque ad eandem horam sequentis diei, exceptis candelis et cera ; et duas refectiones, alteram in Populus Syon (1), alteram in Purificatione sancte Marie de eodem altari et omnia opponderata per circuitum anni in ecclesia Beate Marie adlata vel oblata et oblationes duarum missarum in nocte Natalis Domini et oblationes crucis in Parasceve (2) et sepulchri in vigilia Pasche, in ecclesia Beate Marie.

(1) Introït et nom du 2ᵉ dimanche de l'Avent.
(2) Vendredi-Saint.

Parrochiam quoque Sancte Marie cum tota decima et aliis que sunt de jure ejusdem parrochie, liberam ab omni redditu episcopi et ministrorum ejus, preter candelas in Purificatione beate Marie et in die commemorationis fidelium defunctorum et per totum annum ad manum parrochialis presbiteri oblatas, que omnes de jure custodis sunt, exceptis candelis familiarium missarum, que vestre sunt.

Ecclesiam vero Beati Nicholai de Mellens cum terra arabili et tota decima parrochie et aliis que sunt de jure ejusdem ecclesie in eadem, qua ejus matris ecclesia libertate, et sicut in nocte Nativitatis Domini due oblationes et oblatio crucis in Parasceve de communitate vestra sunt in ecclesia Beate Marie ; ita et in eadem ecclesia de Mellens. Curtilia quoque sive hostagia vestra, infra predictas parrochias jacentia, et totam decimam Dominicecurtis et terram arabilem pertinentem ad decimam, et terram arabilem Gode, in confinio Dominicecurtis et Squiriaci sitam, et terram Fulberti, que est inter Dominicamcurtem et novam villam Ermenfridi, unde solent haberi xii. denarios et duos mansos sive curtilia in nova villa ejusdem Ermenfridi, que data sunt pro anima Petri prepositi et domum Ernulfi Calchenim in Strata.

Cambam Vicedomine super pontem Tenardi sitam et cambam Tenardi predicte cambe ohpositam, et cambam Ernaldi Walurde sitam sub Crientione. Terram datam pro anima Ogive, matris Alelmi de Foro, in introitu minoris fori, prope Sanctum Gaugericum.

Refectionem unam de prepositura persolvendam die qua cantatur Gaudete in Domino, similem supradictis refectionibus. Medietatem molendini de Becherel cum justicia tota ejusdem molendini. Decimam vinee episcopi.

Ecclesias etiam Sancti Salvatoris, Sancti Gaugerici, Sancti Auberti, Sancti Stephani, Sancti Vincentii, tam infra muros quam in suburbio sitas, Sancti Albini de Maresc cum tota decima parrochie de Ansein, cum tota decima ville de Juvenci in Gauharia, liberas ab omni redditu episcopi et ministrorum ejus, cum terris et decimis aliisve possessionibus ad predictas ecclesias vel ad vos pertinentibus et id juris quod in ecclesia Beate Crucis vel in novo burgo obtinetis, secundum privilegia venerande memorie Paschalis pape, predecessoris nostri, et Lamberti, bone memorie, ecclesie vestre episcopi. Et hostagia infra muros, vel extra, in suburbio ad vos pertinentia.

Altare quoque de Belraim et terram arabilem altaris et curtilia cum tota decima ville. Altare de Tilloi cum decimis et terra censuali ejusdem altaris que vocatur terra Gotranni. Altare de Wanchetin cum decimis et terra arabili et curtilibus altaris. Altare de Buella cum Hamelincurte et tota decima utriusque parrochie aliisque possessionibus illarum ecclesiarum et terram quandam censualem infra Hamelaincurtem, unde solent haberi annuatim vi. sestarii frumenti. Altare de Montenoiscurt cum altari de Guvia et omnibus que de jure utriusque altaris sunt ; curtile unum infra Guviam, quod Hugo de Guvia vobis dedit.

Altare de Rokelincurt cum altari de Squiriaco et tota decima Squiriaci et omnibus que ad jus utriusque pertinent. Altare de Berla cum altari de Moncello et omnibus possessionibus eorundem. Altare de Galchin cum altari de Cauhescurt et omnibus que de jure utriusque sunt ; ecclesias predictas liberas ab omni redditu episcopi et ministrorum ejus, sicut in scripto episcopi vestri continetur (1), concedimus, datis quotannis pro singulis earum tribus solidis, videlicet : pro Bealraim tribus, pro Tolloi tribus, pro Wanchetin tribus, pro Buella et Hamelaincurt tribus, pro Montenoiscurt et Guvia tribus, pro Rochelaincurt et Squiri tribus, pro Berla et Muncello tribus, pro Galcis et Cavescurt tribus.

(1) Voir n° 23.

Ecclesiam Galgiaci, cum appenditiis suis Giroldivilla et Berlaicurte et jure tam matricis quam appenditiorum liberam, datis dumtaxat duobus solidis annuatim pro obsonio matris et appenditiorum.

Ecclesiam quoque Fresinicurtis cum tota decima ville, et ecclesiam de Strees, in omnibus liberas pro xii. denariis annuatim ; alodia de Strees et de Henincurt.

Preterea confirmamus vobis ecclesias debentes jus episcopi et ministrorum ejus, Ligescurtis cum Bethlaincurt, quod liberum est.

Ecclesias Horech, Geldulficurtis, Scultis, Croisillis, Sancti Leodegarii, cum Luvennies ; Fontanis, Bohercurtis, cum hostagio quodam x. denariorum et iii. caponum (1) ; Aisseri, Aeste, Dulci, Aigni, Basseus cum tota decima ville Symoniscurtis, cum Bellomanso, Ablain cum Succes, quod liberum est. Davillicurtis cum tota decima ; medietatem ecclesie de Anesin Heddonis ; ecclesiam etiam Nigelle cum appenditiis suis de Avennis Rispelli ; Noeleta, et terram censualem apud Noelettam, et alia omnia que de jure omnium supradictarum ecclesiarum sunt, vel que ad vos infra limites earum pertinent.

Ecclesias etiam de Piz, Curceletes et Nue, et medietatem de Keri, scilicet censum trium marcharum et dimidium, quas debet ecclesia Blandiaci annuatim, cum omnibus possessionibus earum ecclesiarum.

Ecclesiam de Cultura quam de manu laica liberastis. Villas Squiriacum totum, infra villam et extra, liberum preter gavalum comitis et districtum extra curtilia. Et Brai cum toto territorio suo et aqua et decima vii. camporum, trium scilicet culturarum Beate Marie et duarum Eustachii de Squaviis et Sartelli Exactoris, et cujusdam campi inter Mareolum et Brai, liberum ab omni potestate mundana, preter quod v. solidos advocature dat quotannis Albiniacensi domino.

Et Muncellum cum toto territorio suo preter quod ad scolasticum pertinet, liberum ab omni potestate mundana, excepto quod annuatim debet unam marcam advocature Albiniacensi domino.

Et Fresinicurtem cum toto territorio suo liberam ab omni seculari potestate, excepto quod xxx. solidi de beneficio Beate Marie heredi Helgoti de Husdein quotannis persolvuntur.

Et Davillicurtem cum toto territorio suo, liberam similiter preter quod annuatim dimidiam marcam advocature dat domino Bitunie.

Et Aesch cum toto territorio suo et districto et tota decima et molendino liberum preter gavalum comitis apud Famplus, alodium Bonevite et aliud Fredesendis.

Et totam villam Budelle, intus et extra, preter gavalum comitis et que ad jus advocati pertinent, et de Batseus cum toto territorio suo et justicia vel districto intus et extra, preter quod quartam partem, exceptis decimis et terragiis veteribus et his que ad prepositi jus vel majoris pertinent, predecessores vestri concesserunt Rogero de Bellomanso et heredi ejus, hac conditione quod villam, cambas, molendinum restauraret et terras male distractas et injuste obsessas et terragia novarum terrarum ad utilitatem canonicorum revocaret et v. solidos advocature quos in Batseus accipiebat, dimitteret, et hominium preposito ecclesie vestre faceret.

Et terram de Tresenes, sicut ab antiquo a vobis possessa est, et terram de Noum, quam sub censu dimidie marce infra Natale Domini annuatim persolvende tenet ecclesia Blandiaci.

Et terras sive curtilia Vez et terras Frigidevallis, unde ecclesia de Husdein dat

---

(1) Cart. : *Capanum*. Il s'agit évidemment d'une redevance de chapons et non de chasubles, *capannœ*, *capannarum*.

annuatim dimidiam marcam infra synodum ; et terram de Butimunt, et allodia de Nue, et curtilia in Bursa et unum in Hersin, et terram apud Burs. Et apud Vermellam terram arabilem, cum curtilibus apud Aviuns ; terram cum curtilibus apud Iser Sancti Vedasti; curtilia apud Farbu ; terram censualem x. solidorum, et terragium apud Puci, et terram apud Villam Sancti Vedasti, et terragium de alia terra apud Camblin juxta Stradelam ; curtilia apud Frevin, terram arabilem cum curtilibus apud Servin, terram quam concessit vobis ecclesia Sancti Vedasti apud Asch ; similiter apud Squavias ; similiter et terram quam tenet Hermannus de Vilers, et terragium apud Montem Sancti Eligii de alodiis de Roelcurt.

Apud Mareolum decimam totam de quatuor culturis episcopi et terragium de viii. modiis terre infra eandem villam, et duo curtilia et terram apud Longuves.

Terram apud Duisans, duas partes decime cujusdam terre apud Grincurt, terram in Novillella juxta Warluis et unum curtile apud Munci, alodia Hubardi et unum curtile apud Vi, terras et curtilia apud Haucurt, decimam de culturis domini de Oisi apud Buillicurt, terram ab omni potestate seculari liberam et curtilia ; totam villam de Longa Hasta, excepto uno curtili, cum censu vi. solidorum annuatim, decimam viii. culturarum apud Lambres.

Terram de Templivia, pro qua ecclesia Aquicinti dat ii. sol. et vii. d. annuatim.

Terram juxta Antoen, pro qua dominus de Antoen dat quotannis iii. sol. ; apud Vilers juxta Rincurt, terram arabilem.

Apud Ierviler, terras et curtilia et xviii. partem decime. Apud Andifer, unum curtile et terras magnas. Apud Berlaicurdel, decimam de culturis domini ejusdem ville ; Apud Henin super Cogellum, terram. Apud Sanctum Martinum, decimam de quibusdam culturis Wicardi, hostagia que dedit vobis Robertus prepositus, hostagia ex dono Saleberti, mansum Benedicte ; modium etiam unum, in decessu episcoporum vestrorum, pro manso uno quod infra curiam episcopi continetur.

Preterea, quoniam communi inter vos consilio statuistis ut refectiones que vobis in majoribus sollemnitatibus consueverant preparari, in panem et vinum commutentur, unde ab initio quadragesime, donec suffecerint, singulis diebus panem et vinum omnes communiter recipere debeatis, nos eandem constitutionem auctoritate apostolica confirmamus.

Decernimus ergo *etc.* Si qua igitur *etc...* inveniant. Amen.

Indiqué : JAFFÉ, *Reg. pont. rom.*, n° 10450.

29

Folio 15, recto.

1161. — Hugues, abbé de St-Amand, Foulques, abbé d'Hasnon, Renaud, abbé de St-Pry, et Simon, abbé d'Eaucourt, pris comme arbitres, statuent sur divers litiges pendants entre le chapitre d'Arras et l'abbaye de St-Vaast. Godescalque, évêque d'Arras, notifie leur sentence.

In nomine Patris et Filii et Spiritus Sancti. Amen. Ego Godescalcus *etc.* Notum sit omnibus tam futuris quam presentibus, quod temporibus nostris exorte sunt querele inter canonicos Beate Marie Atrebatensis et ecclesiam Sancti Vedasti, ad quas terminandas electi sunt ab utraque parte judices, venerabiles scilicet abbates : Hugo, Sancti Amandi ; Fulco, Hasnoniensis ; Rainaldus, Sancti Prejecti ; Symon, Aielcurtis.

Prima igitur·querela fuit pro territorio Balduini Montis, in quo abbas Sancti Vedasti, in parte illa, que fundus ejus erat, et in parte quam Walterus de Atrebato tenebat, hospites noviter habitare constituerat, et quia in majori parte funditus Sancti Vedasti erat et in utraque parte totam decimam habebat, abbas in eodem monte ecclesiam construere et ad eam venire eosdem hospites sicut parrochianos suos decernebat ; contradicentibus autem canonicis et dicentibus quod ipsa terra infra ambitum parrochie sue esset et habitantes in ea ad ecclesiam suam venire et jus parrochiale solvere deberent. Ad hanc litem dirimendam accesserunt electi judices, statuentes ut hospites predicti parrochiani ecclesie Beate Marie remanerent et ecclesia Sancti Vedasti totam decimam agrorum, curtilium, nutrimentorum, haberet et pro unaquaque familia, per singulos focos manente et jus parrochiale solvere valente, prepositus Beate Marie vel ecclesia, si prepositus desset, singulis annis in Pascha, ecclesie Sancti Vedasti tres obolos daret.

Secunda querela fuit pro quadam valle ejusdem Balduini Montis in qua abbas Sancti Vedasti decimam se accepisse dicebat et canonici eandem se habuisse respondebant.

Hanc contentionem ita terminaverunt abbates, ut de decima ejusdem vallis, altera pars unam medietatem et altera pars alteram medietatem haberet.

Tercia altercatio fuit pro servientibus Sancti Vedasti, dicente abbate quod ubicunque in parrochia Beate Marie servientes ecclesie sue essent, liberam post defunctionem in castello sepulturam haberent. Cui cum contradicerent canonici et presbiteri parrochiarum, constituerunt abbates quod abbas Sancti Vedasti duodecim servientes de diversis ministeriis sequestraret, unum scilicet de prepositura, tres de camera, octo de coquina, cotidianis usibus eisdem officiis deservientes vel deservire debentes, eosque et eorum in eisdem officiis suc[c]essores preposito Beate Marie et parrochiali presbitero ex nomine denominaret, sicque eos post mortem, ubicunque in parrochia Beate Marie essent, absque reclamatione vel prosecutione presbiterorum suorum, in castello suo ad sepulturam libere deferret, ita non quod pro personis servientium ecclesia Sancti nullum omnino jus reclamaret in eorum uxoribus vel familiis. Statuerunt etiam quod si contingeret aliquem denominatorum duodecim servientium a parrochia Beate Marie migrare, vel eorum officia Sancto Vedasto quoquo modo libera remanere, canonici duodenarium servientium numerum abbati et monachis supplerent, si in parrochia Beate Marie inveniri possent.

Quarta controversia conquerebantur canonici quod ostium capelle Sancti Jacobi in parrochia sua aperiebatur, ibique parrochiani sui ad confessionem et oblationem seu communionem a monachis recipiebantur. Statuerunt ergo judices quatinus ostium illud obstrueretur, nullusque deinceps de parrochianis Beate Marie contra rationem ibi a monachis reciperetur.

His itaque quatuor querelis a predictis venerabilibus abbatibus ita pacificatis, ne qua in posterum inde oriretur querela, hanc pacificam compositionem scribi fecimus sigillique nostri impressione confirmari, legittimis subsignatis testibus. Nomina testium : signum Hugonis, abbatis Sancti Amandi. S. Rainaldi, abbatis Sti Prejecti. S. Fulconis, abbatis Hasnonensis. S. Symonis, abbatis de Aiulcurt. Signum Clerebaldi et Frumaldi, [archidi]aconorum. S. Rogeri preposili, Nicholai decani, Anselli cantoris, magistri Gilleni. S. Hugonis et Petri, presbiterorum, Gerbodonis et Valteri, diaconorum, Guidonis et Henrici, subdiaconorum. S. Gilleni, prioris Sancti Vedasti, Villelmi, magistri Lamberti, Johannis thesaurarii, Baldevini hospitarii, Everardi cellerarii, Johannis prepositi, Walteri camerarii, Roberti armarii, Hugonis, Gerardi, Nicholai, Wimanni, Johannis capellani. Actum anno Incarnati Verbi Mo. Co. LXo. Io.

Analysé : FANIEN, *Histoire du Chapitre d'Arras,* p. 154 et 155.

30

1161. — André, évêque d'Arras, notifie la sentence rendue par Hugues, abbé du Mont-St-Quentin, Hugues, prieur de St-Laurent, Pierre, doyen de St-Omer, Frumaud, archidiacre d'Ostrevant et Barthélemy, prieur de St-Vaast, sur le différend pendant entre le chapitre et l'abbaye de St-Vaast, au sujet de plusieurs nouvelles chapelles.

In nomine *etc.* Ego Andreas.... notificamus inter ecclesiam Beate Marie Atrebatensis et ecclesiam Beati Vedasti quasdam emersisse querelas :

Prima fuit pro quatuor capellis quarum quasdam canonici infra suarum parrochiarum terminos edificaverant et quasdam edificare volebant : una Adonis in vico abbatie, alia Ermenfridi in minori foro, tercia in Rotunda Villa, quarta Beati Nicholai ad portam Sancti Salvatoris. Has capellas abbas et monachi Beati Vedasti esse vel edificari contradicebant, hanc sue contradictionis causam proponentes quod loca in quibus capelle edificate vel edificande fuerant, in fundo Sancti Vedasti continerentur et ideo in illis locis sine assensu ecclesie Beati Vedasti nulli liceret de novo edificare capellam.

Secunda querela de vico Hermenfridi versus Mellens, qui distributus per mansiones inhabitabatur. De quo, quia infra parrochiam Beate Marie continentur, canonici omnia jura parrochialia tam in decimis quam in oblationibus sibi vendicaverant. Sed monachi valde indignum et injustum esse clamabant, quod illius vici omni privarentur beneficio, cujus, antequam inhabitaretur, sed ad diversas fruges faciendas excoleretur, omnem de suo jure recepissent decimationem.

Tercia querela de hospitibus ante atrium Beati Vincentii in illa mansione, de qua leprosi recesserant, habitantibus, quos monachi, quia infra terminos basilice includebantur, sui juris fore clamabant. Canonici vero per ipsum locum et infirmos qui illum prius possederant, quem (1) per quadrageneriam possessionem et amplius tenuerant, illius loci novos hospites sibi ascripserunt.

Quarta de domo Alelmi de Novillele, quam canonici, infra parrochiam de Agni, monachi, infra parrochiam basilice, sitam esse contendebant.

His querelis inter predictas ecclesias diu agitatis, tandem sapientium consilio assentientes, quinque honestas personas arbitros elegerunt, quorum discretioni et prudentie dictas querelas rationabiliter terminandas committerent, in veritate pollicentes quod quicquid hii quinque de his querelis ad pacem et concordiam ordinarent, utraque pars ratum haberet.

Electi sunt igitur Hugo, abbas Sancti Quintini de Monte, Hugo, prior Sancti Laurentii, Petrus, decanus Sancti Audomari, magister Frumoldus, Ostrevadensis archidiaconus, Bartholomeus, prior Sancti Vedasti. Qui in unum convenientes et predictas querelas sibi commissas diligenter perscrutantes, primo consideraverunt capellam Beati Mauritii, quam monachi infra parrochiam Beate Marie ab omni jure parrochiali exceptam tenuerant, ad faciendam pacem esse necessariam, et ideo unanimiter petierunt ut liceret eis de illa capella, sicut et de predictis, rationabiliter disponere ; quod eis a monachis concessum est. Deinde, utpote viri sapientes, ceperunt sollerter inquirere que capelle in quibus locis

(1) *Cart.* : Quo.

essent necessarie. Viderunt enim urbes dilatari, populum crescere et multiplicari, hospites multos confluere, unde veraciter cognoverunt plures ecclesias ad serviendum Deo et ad curandum populum esse necessarias. Decreverunt igitur ut abbas et monachi capellam Sancti Mauritii, perpetuo tenendam, canonicis concederent, sub annuo censu octo librarum quas cellerarius Beate Marie apud Sanctum Vedastum cellerario, in quatuor anni natalibus, persolvet : in festo Omnium Sanctorum, in Natali, in Pascha, in Pentecosten. Adjecerunt quoque quod solemnes oblationes quas in natalibus anni, apud Sanctum Macutum et Sanctam Mariam in Pomerio, usque ad illud tempus canonici tenuerant, abbati et monachis sub annuo censu duorum solidorum in natalibus persolvendorum perpetuo concederent, cum quibus duobus solidis etiam quatuor solidi qui ab antiquo canonicis a Sancto Macuto debebantur, annuatim persolverentur et earundem ecclesiarum parrochiani qui in Civitate in natalibus venire consueverant, in suis ecclesiis libere permanerent. Preter has sollemnes oblationes cetera jura parrochialia et ecclesiasticas consuetudines ad Sanctam Mariam in Civitate, sicut semper consueverunt, persolverent, videlicet nuptiarum reconciliationes, de infantium relevationibus purificationes, mortuorum sepulturas, et, si que sunt, alie consuetudines.

Capellam vero Adonis in vico abbatie penitus cassaverunt ; sed capellam Beati Nicholai ad portam Sancti Salvatoris et capellam in Rotunda Villa canonicis perpetuo tenendas decreverunt et quod sui juris monachi in illis clamabant cano[ni]cis libere concesserunt. Capellam Hermenfridi in minori foro dederunt canonicis sub annuo censu duorum solidorum quos monachis in Natali persolvent.

De vico Hermenfridi versus Mellens omnem decimationem curtilium et terrarum. ad fruges faciendas excolendarum, monachis attribuerunt. Cetera universa illius vici ad jus parrochiale pertinentia, de bestiis, de funeribus seu oblationibus, seu aliis modis provenientia, canonicis de suo jure dederunt. Hospites vero ante atrium Beati Vincentii in mansione infirmorum manentes diviserunt per medium, et, unam medietatem canonicis, alteram vero monachis dederunt. Deinde autem canonici suam medietatem monachis perpetuo tenendam concesserunt sub annuo censu decem et novem solidorum in tribus terminis anni persolvendorum : in Natali, in Pascha, in Pentecosten.

Ad ultimum domus Alelmi de Novilele, veritate inquisita diligenter et cognita, basilice Sancti Vedasti est adjudicata.

Hanc igitur tam rationabilem compositionem utraque pars, canonici videlicet et monachi, laudaverunt et tenendam firmiter decreverunt, nos unanimiter deprecantes ut eam scripto commendatam futuris notificaremus et sigilli nostri impressione cum sigilli Beate Marie et Beati Vedasti appositione confirmaremus. Quod et fecimus, et, partito inter se cyrographo, utrique ecclesie diligenter observandam commisimus, fidelibus subsignatis testibus :

Signum Rogeri preposili. Signum Nicholai decani. Signum Clarebaldi, archidiaconi Atrebatensis. Signum Anselmi cantoris. Signum magistri Gisleni. Signum Petri, Gaulteri, Anastasii, presbiterorum canonicorum. Signum Adam, Widonis, Suvalonis, Mathei, diaconorum. Signum Herberti, Henrici, Syheri, Johannis, subdiaconorum. Signum Johannis, Amolrici, puerorum canonicorum. De monachis : Signum Bartholomei prioris, Balduini cellerarii, Henrici elemosinarii, Evrardi thesaurarii, Ramelini camerarii, Christiani hospitarii. Signum Fulconis subprioris, Ysaae tercii prioris, Gilleberti cantoris. Signum Boamundi, Balduini, Guimanni (1), Johannis presbiterorum. Signum Goberti, Thessonis, Haymonis,

---

(1) Ce Guimann est le compilateur du Cartulaire publié par M. le chanoine Van Drival.

Anscheri, diaconorum. S. Ingelberti, Guenemari, Petri, subdiaconorum. Signum Evrardi, Balduini, puer[or]um.

Actum hoc [anno] Dominice Incarnationis M°. C°. LX°. I°, indictione V.

Imprimé : GUIMANN, Edition *Van Drival*, p. 161 et suivantes, avec des variantes suffisamment nombreuses
pour que nous ayons cru devoir donner cette pièce très intéressante.

Analysé : FANIEN, p. 154 et 155.

WAUTERS, *Table chronologique*, t. VII, p. 279.

31

Folio 40, verso

1166, Juin. — **Thierry, comte de Flandre, et Philippe, son fils, notifient au chapitre
d'Arras que Majon de Croisilles et Gillon son fils, lui ont donné leur dîme de Fontaines.**

Ego Theodoricus, per Dei misericordiam Flandrensium comes, et filius meus Philippus comes, Rogero preposito, Nicholao decano et toti ecclesie Sancte Marie Atrebatensis, gratiam et dilectionem in Domino. Quoniam in potestate seculari *etc.* Hujus igitur rationis intuitu notificamus tam futuris quam presentibus quod Majo de Croisilles et filius ejus primogenitus Gilio, quandam decimam, quam apud Fontaines tenebant, vobis et ecclesie Ste Marie Atrebatensis, tam pro servitio sibi collato quam pro sua salute et antecessorum suorum in elemosinam dederunt. Et ne quis in po[s]terum hanc donationem infringere temptaret, predictus Majo et filius ejus dictam decimam in manus Alardi de Croisilles (1), de quo in feodum tenuerant, [tradiderunt]. Alardus vero in nostras reddidit ; quam, tam rationabili ordine nobis redditam, eis justo curie nostre judicio abjudicari fecimus, et, ipsis unanimiter deprecantibus, vestre ecclesie, tam pro nostra quam omnium antecessorum nostrorum salute, et perpetuo tenendam concessimus, et scripto commendatam per sigillorum nostrorum impressiones confirmavimus. Testibus subscriptis qui presentes erant : Martinus, abbas Sancti Vedasti ; Guibertus, abbas Aileurtensis ; Galterus de Atrebato ; Rogerus dapifer ; Balduinus castellanus. Factum est hoc anno Domini millesimo centesimo LX°. VI°. mense Junio.

32

Folio 35, recto.

S. D. (1157-1168). — **Thierry d'Alsace, comte de Flandre, prenant sous sa protection
l'Eglise d'Arras, la défend contre les vexations de Roger de Beaumetz et rétablit la paix.**

In nomine Sancte et Individue Trinitatis. Amen. Sicut spiritualis potestas secularem potestatem habet, ut sit, corrigere..., ita terrena potestas inimicos et persecutores ecclesiarum gladio..... cohibere debet..... Hujus intuitu considerationis, ego Theodoricus, Dei pacientia Flandrensium comes, Atrebatensem ecclesiam, que, post regem, meo et antecessorum meorum

(1) Voir *Dictionnaire historique et archéologique du Pas-de-Calais*, arrondissement d'Arras, t. I, p. 61.

patrocinio solet inniti, contra Rogerum de Bellomanso, qui eam injuste infestabat, sustinui, fovi et pacis inter eos reformate, rogatu Rogeri et amicorum ejus, obses fui. Cujus pacis series ita disposita fuit, quod Rogerus, in villa de Basseus, pro qua agebatur, totum haberet quicquid avo ejus Rogero, testante veteri cyrographo, antiquitus in eadem villa ab ecclesia concessum fuerat, videlicet quartam partem in omnibus ad villam predictam pertinentibus, exceptis decimis et terragiis veterum terrarum et redditibus prepositi ac majoris, hac conditione quod villam jam dictam restauraret, molendinum, cambam et furnum, et ad commune commodum canonicorum et suum, pro posse suo, reedificaret, et distractas terras et injuste obsessas recolligeret et liberaret, et, dimissis v solidis advocature quos avus et pater ejus similiter in eadem villa perpetuo dimiserant, tres ecclesie partes pro sua quarta servaret et defenderet.

Preterea octoginta fere jugera terre que avus et pater ejus supra quartam partem suam, nescientibus canonicis, sibi injuste usurpaverant, que sine causa controversandi inter ipsum et ecclesiam extiterant, ecclesiæ libera dimisit, ita ut plus quam quartam partem, nec in illa, nec in alia terra de Batseus ulterius quicquam requireret, istam etiam sine fratris sui et sororis omnique aliorum quorumlibet calumpnia, sicut eam tenuerat quietam, usibus canonicorum conservaret, nec minus eam columpniantibus vel ecclesiam pro ea vexantibus, resisteret..... Super hec omnia determinatum fuit quod in districto et justicia et forisfacto totius ville et territorii ejus, sicut in ceteris, non nisi quartam partem haberet, ita tamen ut nullum hospitem tallia vel alia injusta exactione vexaret, nec ad Belmeis pro placito aliquo eos duceret ; solus prepositus vel minister ejus, sive in capitulo, sive in curia prepositi, sive in villa de Bathseus, potestatem exercende justicie super villam totam haberet, ita quod Rogerus rebelles quosque ad justiciam prepositi aut ministri ejus ire compelleret ; ipse autem in forisfacto partem sibi deputatam, hoc est quartam, haberet.

Hoc Rogerus se servaturum juravit ; inde me et comitissam et Philippum filium meum obsides dedit, ut si compositionem istam ipse vel heres ejus in aliquo transgrediatur, et infra quindecim dies, postquam super hoc submonitus fuerit, excessum suum emendare contempnat, excommunicatus inde secundum antiquum scriptum remaneat, et ego vel comitissa, vel successor meus, Flandrensium videlicet comes quicunque fuerit ille, ecclesie quicquid et justicie vel juris sui deerit, suppleat. Inde etiam plegii qui subscribuntur, fide interposita, ecclesie spoponderunt, si Rogerus vel heres ejus predictum pactum non teneat, consilium et auxilium suum ecclesie fideliter se prestituros : Guifridus de Hamelincort, Balduinus de Symoncort, Heluinus de Walgi, Baldevinus de Salgi, Symon, frater ipsius Rogeri.

33

Folio 32, recto.

(1168-1169 *Mars*) (1). — **Le prévot Roger, le doyen Nicolas, les archidiacres Clairembauld et Frumaud, le chantre Anselme et autres chanoines de Notre-Dame, notifient l'acquisition d'une dîme qu'ils ont faite à Hendecourt, de Gauthier de Gauchin.**

In nomine *etc.* Ego Rogerus, prepositus, Nicholaus decanus, Clarenbaldus, Frumaldus,

(1) Pâques tombait en 1168 le 27 mars.

archidiaconi, Ansellus cantor et universi qui nobiscum sunt Sancte Marie Atrebatensis conca-
nonici, notum esse volumus tam posteris quam modernis, quoniam in territorio de Hennincorte,
quod est inter Streies et Fresincurt, a quodam milite, Galtero de Gauchin, quandam decimam
ad nostros et successorum nostrorum usus perpetuo habendam, pro quindecim marcis argenti
comparavimus. Ceterum noster canonicus magister Gillenus, ex consilio et assensu totius
nostri capituli, medietatem predicti argenti, videlicet septem marcas et dimidiam, pro sua
tam (1) corporis quam anime salute persolvit, hac conventione sibi a nobis in fide et veritate
preconcessa, ut, quandiu viveret, de predicta decima quatuor mancaldos frumenti ad mensuram
cellarii et rationem prebende et totidem avene annuatim infra festum beati Andree ei persolvemus.
Post decessum vero ipsius Gilleni in anniversario die obitus sui, in conventu, ut consuetudo
habet, tantum pro ipso quam omnibus fidelibus defunctis, servitium fiet quotannis et illis qui
intererunt, loco predictorum octo mancandorum, decem solidi distribuentur. Quod ut firmiter
observetur *etc.*

Actum hoc anno Dominice Incarnationis millesimo centesimo. LXº VIIIº., mense martio.

34

Folio 16, verso.

1170. — **Eustache, abbé du Mont-St-Eloi et Bauduin, abbé de Marœuil, pris comme
arbitres dans le différend pendant entre le Chapitre d'Arras et l'abbaye d'Arrouaise au
sujet de diverses dîmes, décident que ces dîmes seront partagées et fixent la limite des
terres qui y seront sujettes.** *(Chirographe).*

In nomine Patris et Filii et Spiritus Sancti. Amen. Eustachius, Montis Sancti Eligii, et
Baldevinus, de Mareolo abbates *etc.*, elaboravimus ut inter canonicos Atrebatenses et ecclesiam
Arroasiensem pacem reformaremus et in hoc, Deo nobis annuente, ad ultimum profecimus.
Cum siquidem constet parrochiam de Buscoi ad Aroasiam et parrochiam nichilominus de
Dulci ad Atrebatensem pertinere ecclesiam certissimum sit, intra utramque ecclesiam quedam
orta est contentio super quibusdam novis terris in confinio utriusque parrochie constitutis,
quarum decimam utraque ecclesia ad suam dicebat spectare parrochiam. Causa itaque diutius
ventilata, ad audientiam domini pape per appellationem est delata ; ex cujus mandato, una
cum domino Tornacensi Galtero, eandem causam suscepimus audiendam et sine appellatione
terminandam. Quia vero ea que pacis sunt nos exequi oportet, nec pro commodo alterutrius
partis a tramite rectitudinis exhorbitare decet, sanum ducimus eandem contentionem pacificare
per compositionem, assensu videlicet domini Tornacensis et coniventia utriusque partis.

Hujus modi autem compositio utrobique facta fuit ut, quia ecclesia Arroasiensis sub annuo
censu ecclesie Atrebatensi xxti. solidos persolvere solebat, canonici Atrebatenses de predicto
censu xiicim. solidos pro bono pacis annis singulis relaxarent et ad persolvendum viiito. tantummodo remanerent, ea scilicet conditione ut de omnibus terris tam cultis quam incultis, tam in
terra arabili quam in reliquo nemore, cum extirpatum fuerit et ad cultivam terram venerit,
de cunctis videlicet locis super quibus orta fuerat calumnia, in duas equas partes divideretur
decimatio et quamlibet harum duarum partium alterutra ecclesiarum reciperet

(1) *Cart. :* tamen.

Et quia nolumus ut aliqua deinceps super hoc emergat contentio, terminos infra quos terra de qua compositio facta est continetur et quibus terminis hec eadem terra circuncingitur, huic cartule inseruimus : A Haiis de Dulci et Walunvileir, que sunt de parrochia de Dulci, usque ad Novum Rovisoi et ad Claram Silvuam, que sunt de parrochia de Aeste et a Merlemont et a Richardi Valle, que sunt de parrochia de Bucsoi, usque ad terram de Gonbecurt et ad nemus et terram de Hannencamp et ad campos de Monci et ad nemus de Canfider, quicquid terre arabilis vel nemoris aut solitudinis infra hos terminos continetur, hec compositio a lite et contentione penitus removebit.

Que compositio, ne vel a memoria removeatur, vel ab utralibet predictarum ecclesiarum parte infringi attempletur, scripto commendari et utriusque, tam Atrebatensis quam Arrosiensis ecclesie sigillo communiri dignum duximus, ita ut partito cyrographo, utraque ecclesia scriptum cum suo et alterius ecclesie sigillo reservaret. Sub testimonio sup[p]ositorum testium quorum hec sunt nomina : Rogerus prepositus ; Petrus decanus ; Anselmus cantor ; magister Gislenus ; Henricus Lucart ; Sawalo canonicus (1) ; Guido de Sancto Maerti ; Hugo Vebel ; Wallerus Maladuil ; Johannes presbiter de Buscoi. Actum est hoc [anno] Domini Mᵒ. Cᵒ. LXX.

Orig scellé : ARCHIVES DU PAS-DE-CALAIS, série G., *Chapitre d'Arras,* carton G.-F.
Indiqué : FANIEN, *op. cit.,* p. 158.
Cf. D. GOSSE, *Histoire d'Arrouaise,* p. 351.

33

Folio 40, verso.

1171 (*1er février*). — **Robert de Béthune, avoué d'Arras, et Robert, son fils, notifient que Robert de Manchicourt, a renoncé à toute prétention sur les profits de l'église de Richebourg et a juré en pleine place publique de Béthune, de ne plus troubler la possession du chapitre d'Arras à ce sujet.**

Imprimé : DUCHESNE, *Histoire généalogique de la Maison de Béthune,* preuves, p. 36.
          MIRŒUS et FOPPENS, *Opera diplomatica,* t. IV, p 210.
Analysé : WAUTERS, *Table chronologique des diplômes imprimés,* t. II, p. 525.

36

Folio 23, verso.

1171. — **L'évêque d'Arras André fait donation au chapitre des autels de Chelers, de Drocourt, de Souastre et de St-Amand, à charge de célébrer un obit anniversaire le jour de sa mort.**

Ego Andreas, divina miseratione Atrebatensis dictus episcopus *etc.* Quoniam ex injuncto nobis officio, omnibus justa petentibus in quantum licet et possumus debitores existimus presertim speciales ecclesie nostre filios, ejusdem servitio devote invigilantes, exaudire tenemur.

(1) *Cart. :* Canonico.

Unde devotioni eorum congratulando et ut in melius proficiant exhortantes, nostre salutis et eorum utilitatis intuitu, altare de Celest et de Droecort ipsis perpetuo tenendum concedimus, ita ut ex rationabili eorum institutione fructus predictorum altarium illis qui assidue servitio intererunt dispertiantur.

Preterea altare de Soast et Sancti Amandi eisdem pro anniversario die obitus nostri concedimus ut juxta quod consuetudinis habent in predecessorum nostrorum memoria, in nostri et omnium fidelium commemoratione perficiant.

Dono altaris de Celest interfuerunt : Fulco prepositus, Gelduinus Parisiensis, Gefridus diaconus. Dono autem altaris de Droecort interfuerunt prepositus et Gefridus diaconus et Johannes nepos cantoris Duacensis ; et dono altaris de Sto Amando et de Soast interfuerunt Martinus abbas de Mareolo, et predictus Fulco prepositus, et Gefridus diaconus.

Factum anno Dominice Incarnationis Mo. Co. LXXo Io.

<h2 style="text-align:center">37</h2>

Folio 3, recto.

S. D. (1171). — **Le pape Alexandre III confirme l'église d'Arras dans ses droits, églises et autres possessions.**

Alexander episcopus, servus servorum Dei, dilectis filiis Rogero preposito et canonicis Atrebatensis ecclesie eorumque successoribus canonice sustinuendis imperpetuum. Quotienscumque a nobis petitur, etc..... Statuentes ut quascunque possessiones quecunque bona eadem ecclesia in presentiarum canonice possidet..... firma vobis vestrisque successoribus et illibata permaneant ; in quibus hec propriis ducimus exprimenda vocabulis.

Parrochiam majoris ecclesie in Civitate et decimam Civitatis, decimam de Dominicacurte et terram que dicitur Gode ; ecclesiam Sti Nicholai de Mellens cum decima et terra sibi appendente ; ecclesiam Sti Auberti ; ecclesiam Sti Gaugerici cum capella que dicitur Ermenfridi ; ecclesiam Sti Salvatoris ; ecclesiam Sti Nicholai super Fossatum cum decima sibi adjacente ; ecclesiam Sti Vincentii ; ecclesiam Sti Johannis in Villa Rotunda ; ecclesiam Sti Stephani ; ecclesiam Sti Mauritii, quam sub annuo censu octo librarum Atrebatensis monete a monachis Sti Vedasti recepistis ; hospites quos habetis Atrabati extra Civitatem ; ecclesiam de Aigni ; ecclesiam de Walli, cum earum appendiciis ; villam de Basseus cum curia, silva et ecclesia ; ecclesiam de Behnez ; ecclesiam de Simencurt ; ecclesiam de Goi ; ecclesiam de Pumiers ; ecclesiam de Sto Amando ; ecclesiam de Souast ; ecclesiam de Douci ; ecclesiam de Aeste ; ecclesiam de Pis ; ecclesiam de Curceles ; ecclesiam de Croisiles ; ecclesiam de Scoll ; ecclesiam de Sto Leodegario ; ecclesiam de Fontaines ; ecclesiam de Hamelaincurt, cum omnibus appenditiis earum.

Villam de Boele cum curia et ecclesia ; ecclesiam de Fanpous ; villam de Ais cum curia et molendino suo ; ecclesiam de Herlebusterne ; ecclesiam de Rokelaincur ; villam et ecclesiam de Scuiri cum curia sua ; ecclesiam Sti Albini ; ecclesiam de Montenoiscurt cum pertinentiis et appenditiis earum.

Ecclesiam Nigelle de Atrio, cum appenditiis suis : Nigella Guidonis videlicet, et ecclesia de Avesnes ; ecclesiam de Buihiercurt ; ecclesiam de Aisie. ecclesiam de Bailues, cum earum appenditiis.

Terram de Bulicurt, villam de Frisincurt, cum curia et appenditiis suis et ejusdem ville ecclesiam cum pertinentiis suis.

Ecclesiam de Celeste cum appenditio suo Herlin ; ecclesiam de Jevenci in Gauharia ; ecclesiam de Souces ; ecclesiam de Ablaig ; ecclesiam de Noe, cum pertinentiis earum.

Villam de Baillicort, cum curia sua et ecclesia; ecclesiam de Cultura; ecclesiam de Richesborc cum terminis suis ; ecclesiam de Nigella juxta Lens ; ecclesiam de Dravecort ; ecclesiam de Roveroi; tres marcas annuatim de ecclesia de Chiri ; ecclesiam de Feniles ; ecclesiam de Hermicecort ; ecclesiam de Berle ; medietatem reddituum ecclesie de Anesin; villam de Muncel, cum curia, molendino et vivario, de quo solvitis magistro scolari xx. duos mencoldos frumenti annuatim; terram de Vermelle et hospites ; villam de Brai cum terra de Squavies et de Asc ; terram vestram de Andifer; redditus quos apud Tresses habetis; illam etiam partem ville de Oes que per circummanentes vobis est assignata sub Philippo, comite Flandrie ; decem libras quas vobis solvit custos ecclesie vestre annuatim ; centum solidos quos prepositus vester eodem modo vobis persolvit.

Justiciam villarum vestrarum, homagia et forisfacta hominum vestrorum, sicut ab antiquo habuisse noscimini.

Antiquas quoque et rationabiles consuetudines ecclesie vestre ratas habemus et firmas, easque, nisi fecerint ad meliora progressum, perpetuis temporibus manere decernimus illibatas.

Decernimus ergo, etc... Si qua igitur etc... inveniant. Amen.

Indiqué : JAFFÉ, *loc. cit.,* n° 11862 a.

N. B. — On peut assigner à cette bulle la date de 1171, puisque celle-ci confirme la possession des autels de St-Amand et de Souastre donnés à l'église d'Arras par la charte qui précède.

38

Folio 56, verso.

1175 (8 *Mai*). — Le pape Alexandre III, à la demande de l'évêque Frumaud, confirme le siège épiscopal dans ses droits et possessions.

Alexander episcopus, servus servorum Dei, venerabili fratri Frumaudo, Atrebatensi episcopo etc... Cum ex injuncto nobis a Deo apostolico officio etc... Altare de Armenteris cum pertinentibus suis ; altare de Aviuns cum pertinentibus suis ; altare de Asluvois cum pertinentibus suis ; villam de Maroel et altare ejusdem ville cum pertinentibus suis ; altare de Corceles cum pertinentibus suis ; Bronnes et omnes redditus quos rationabiliter in Civitate Atrebatensi possides, et districtum a flumine Crientione infra unam leuguam, sicut Robertus, predecessor tuus, juste habuit et tu habere dinosceris.

Nulli quoque liceat hominibus tuis in districtu illo manentibus violentiam facere vel exactionem imponere, sed tibi tantum et successoribus tuis licitum sit eos secundum antiquam ecclesie tue consuetudinem et justiciam tractare.

Decernimus ergo ut nulli etc...

Datum Ferentini, per manum Graciani sancte Romane ecclesie subdiaconi et notarii (1),

(1) *Cart. :* subdiaconus et notarius.

octavo idus mai, indictione octava, Incarnationis Dominice anno millesimo c° septuagesimo quinto, pontificatus vero domini Alexandri pape III anno XVI.

Indiqué : JAFFÉ, *Op. cit.*, t. II. n° 12473.

39

Folio 43, recto.

1175, *2 juin. Arras.* — Pierre, cardinal prêtre, légat du Saint Siège apostolique, décide, à la demande du chapitre d'Arras, que nul ne sera admis à un canonicat avant que la prébende en soit vacante.

Petrus, Dei gratia sancte Romane ecclesie presbiter cardinalis, Apostolice Sedis legatus, omnibus ad quos presentes litere perlate fuerint, salutem in Domino. Ea que rationabiliter statuuntur *etc*..... Inde est quod cum dilecti filii nostri Atrebatensis ecclesie canonici, coram nobis essent conquesti quod in ecclesia sua nimis prepropere concessiones fierent prebendarum et de receptione hoc modo canonicatorum eisdemque communitatis sue beneficium conferendi sollicitarentur frequentius, unde apud eos scandala et seditiones varias suborriri contingeret, de communi assensu, approbante etiam venerabili fratre nostro F[rumaldo] episcopo, suo pro bono pacis et concordie statuerunt ut neminem de cetero in prebenda non vacante in canonicum reciperent, nec alicui beneficium sue communitatis concederent. Nos quoque id ad eorum postulationem, auctoritate Sedis Apostolice duximus confirmandum et sigilli nostri munimine coroborandum ; salva tamen in omnibus auctoritate Sedis Romane.

Datum Atrebati anno incarnationis Domini millesimo centesimo. septuagesimo. V°, IIII°. nonas Junii.

40

Folio 37, recto.

1175, *juillet.* — Ghislain, écolatre de l'église d'Arras, notifie, par un chirographe, qu'il a donné au chapitre son moulin et la moitié de son vivier de Monchel.

In nomine Sancte et Individue Trinitatis, amen. Solent de labentibus *etc*... Inde est quod ego Gillenus, scolarum Atrebatensium magister, presenti pagina decrevi notum facere omnibus, ad instantiam domini Rogeri preposili, domni Petri decani et totius Atrebatensis capituli, et ex assensu et consilio domini Frumaldi, episcopi nostri, ad cujus donum et dominium scole Atrebatenses pertinere dinoscuntur, molendinum de Moncello et vivarii medietatem que ad jus scolarum pertinent, sub annuo censu XXII. mancaldorum frumenti, sani et medie estimationis, ad mensuram Atrebatensem, persolvendi capitulo Atrebatensi, me imperpetuum concessisse, reservata michi et meis successoribus tercia parte relevationis molendinarii et tercia parte questus, si quid de placito pro forisfacto molendinarii provenerit. Predictus autem census michi meisque successoribus per quartas partes in quatuor terminis anni, in festo videlicet Sancti Remigii, in Natali Domini, in initio quadragesime, in Rogationibus, libere et absque omni contradictione persolvetur, quamdiu predictum molendinum per diem et noctem naturali cursu aque duos mancaldos molere poterit, dum tamen ab eo qui loco capituli ibidem fue it, nichil circa vivarium et sclusam et molendinum quod ipsum impediat negligatur, quia omnium istorum cura, impensa et expensa ad capitulum pertinebit.....

Ceterum pro alia medietate vivarii et usu ejus, que ad predictum censum non pertinent, quoniam diu in vivario aqua influens fuerit vel effluens, duo mencaldi frumenti et quatuor avene cum mensura cellarii et ratione prebende in festo Sancti Remigii a predicto capitulo magistro persolventur ; ac preter hec omnia redditus quos *magistro debet molendinarius*, videlicet in Natali Domini xii. *denarios et* ii. capones, in Pascha xii. d. et agnum, et a majore *de Moncello in Natali* xii. d. et ii. capones et de manso Werrici in Natali ii. capones, magistro capitulum, aut persolvi faciet, aut ipsum persolvet. Et nisi hec omnia sicut predicta sunt, magisto a capitulo suis temporibus integre observata fuerint post primam ammonitionem ab officio quod ex debito scolarum ecclesie impendere tenetur, ipsi donec ei satisfactum fuerit cessare licebit. In testimonium igitur nostre concessionis et sui assensus, huic cyrographo sigillum suum apponi episcopus idoneum duxit et capitulum, ut omnia, sicut predicta sunt, se conservaturum testetur et ne nobis vel successoribus nostris ab eo quod sane *factum est* resilire fas sit, ipsum etiam sigilli sui robore communivit. *Factum anno Domini.* M°. C°. LXX° V°. mense *Julio, et recordatum in capitulo coram* omnibus qui tunc erant canonici manentes Atrebati et ab omnibus approbatum.

11

Folio 26, recto.

1176, *24 septembre. Arras.* — Frumaud, évêque d'Arras, notifie que Jean le Josne et sa femme Eve lui ont donné un champ, à charge d'une redevance annuelle de 14 mencauds de froment.

In nomine Patris et Filii et Spiritus Sancti. Amen. Ego Frumaldus, Dei paciencia Atrebatensis episcopus... Quoniam ea que honesto intuitu, *etc*... Notum igitur sit universis quoniam cum Junior Johannes, major in potestate Sancte Marie, quandam terram arabilem, ad unum modium seminariam jure hereditario possideret, eam ipse et uxor sua Eva nobis ad mense nostre amplificationem verpiverunt a nobis et nostris successoribus perpetuo possidendam, hoc pacto ut, pro fructibus ejusdem terre, ipsi et heredes eorum perpetuo quatuordecim mencoldos frumenti, *quod melioris estimationis* in horreo nostro erit de cultura nostra, annuatim infra festum Omnium Sanctorum recipient. Eam autem, toto ecclesie nostre capitulo approbante et quantum ad ipsum spectat consentiente, predicta conditione suscepimus, et predictam recompensationem annuatim de horreo nostro eis eorumque heredibus persolvi constituimus.

Factum in pratello claustri ecclesie nostre, anno Domini M°. C°. LXXVI°., VIII. kalendas octobris, coram nostri capituli personis et canonicis, presentibus etiam terre laboratoribus : Ursione, Revione, Jacobo Laifulfi, Silvestro Fabro.

42

Folio 33, verso.

1176. — **Le prévôt Roger, le doyen Pierre et le chapitre d'Arras, d'une part ; Martin, abbé de Marœuil, d'autre part, notifient la donation du droit d'hostage sur une maison, sise à Arras, à eux faite par Sagalon Huquedieu.**

Ego Rogerus prepositus, Petrus decanus, cum toto Atrebatensi capitulo, et ego Martinus, abbas, totusque Mareolensis ecclesie conventus, notum esse volumus tam futuris quam presentibus quod cum Sagalo Hukedeu redditus quosdam marce unius per hostagium de domo et manso Frumaldi Empireville in Atrebato, jure hereditario haberet, ipsum hostagium equaliter partiendum ecclesiis nostris, Atrebatensi scilicet et Mareolensi, dedit pro salute animarum tam sue quam antecessorum suorum, eo tenore ut quocumque modo hostagium se habuerit, tam augmentatum quam diminutum, equis partibus inter nos dividatur. Quod ut memorie *etc.* Factum anno Domini millesimo centesimo LXX° VI°.

43

Folio 29, verso

1177. — **Philippe, comte de Flandre, donne une rente de XL sous à N.-Dame d'Arras, pour subvenir au pain et au vin du saint sacrifice de la messe.**

Ego Philippus, Flandrensis et Viromandensis comes, notum esse volo omnibus quod pro salute anime mee dedi in elemosinam ecclesie Sancte Marie Atrebatensis (1) XL. solidos, singulis annis accipiendos Bapalmis ab eo qui redditus meos ibidem colligit, in Dominica Palmarum. De istis vero denariis statui ut solummodo procurentur vinum et panis ad conficiendum sacrificium altaris. Ne igitur hec elemosina possit ab aliquo infringi vel cassari, sigilli mei a[u]ctoritate eam confirmari precepi, anno Domini millesimo centesimo LXX° VII°.

Imprimé : Mirœus et Foppens, *Opera diplomatica,* t. IV, p. 212.
Analyse : Wauters, *Table chronologique,* t. II. p. 571.

44

Folio 21, verso.

1177. — **Frumaud, évêque d'Arras, et Philippe d'Alsace, comte de Flandre, fixent d'un commun accord, par un chirographe, les limites de leurs juridictions respectives.**

Ad sopiendas contentiones que emergere solent super contractibus vel compositionibus que fieri solent inter aliquos, propter hominum labilem memoriam, veterum auctoritas scriptis committere decrevit, illa que memoriter teneri et ad noticiam futurorum venire voluit. Unde

(1) *Cart.:* Atrebatensis ecclesie.

est quod ego Frumaldus, Dei gratia Atrebatensis episcopus, et Philippus, Flandrensis et Viromandensis comes, cyrographum istud fieri et sigillis nostris corroborari voluimus de compositione facta inter nos de discernendo jure nostro in his tantummodo que ad secularem justiciam pertinent. Unde inter predecessores nostros magna sepius controversia habita est, quam, temporibus nostris, assensu et voluntate Atrebatensis capituli et hominum nostrorum, hoc modo terminari decrevimus :

Est autem compositio talis, a qua tamen compositione ecclesiastica jura excepta sunt, quod omnia forisfacta que extra portam Strate evenient inter homines episcopi et ecclesie ubicunque maneant in tota terra episcopi et ecclesie erunt. Si autem homines comitis vel extranei inter se ibidem tale forisfactum fecerint quod LX. solidos excedat, totum forisfactum erit comitis. Et si homines episcopi et homines comitis, vel extranei, inter se ibidem tale forisfactum fecerint quod similiter LX. solidos excedat, medietas illius forisfacti erit episcopi et medietas comitis. Omnia enim forisfacta LX. solidorum et infra, a quocumque fiant, episcopi sunt.

1 (1) — Et omnia forisfacta que extra portam Strate evenient in tota terra episcopi et ecclesie, habent judicare scabini episcopi. Nuntius comitis debet interesse judicio illorum forisfactorum in quibus comes partem habere dinoscitur.

2 — Omnia forisfacta LX. solidorum et infra, que a porta Strate usque ad pontem Tenardi infra muros per totum districtum episcopi evenerint, a quocunque fiant, erunt episcopi et infractio omnium bannorum qui ibi fient et falsitas omnium mensurarum et pannorum et omnium aliarum rerum, preter falsificationem monete, erunt episcopi. Dedictio sive falsificatio, scabinorum suorum, et duella episcopi erunt.

3 — Et latro ubicunque in districto suo deprehensus fuerit, tam infra muros quam extra et omnes res ipsius episcopi erunt. Episcopus autem habet de eo justiciam facere, si voluerit. Quod si noluerit, corpus solummodo reddet comiti extra districtum. Aliud de eo facere non potest absque absensu comitis, et omnia ista habent judicare scabini episcopi.

4 — Ictus etiam baculorum et traginamenta, si ibidem evenerint inter homines episcopi tantum vel inter homines episcopi et comitis vel extraneos, medietas illius forisfacti erit episcopi et medietas comitis. Si inter homines comitis tantum, totum erit comitis.

5 — Si autem forisfactum sanguinis ibidem evenerit, quod sit supra LX. solidos et infra LX. libras, medietas erit episcopi et medietas comitis ; et hoc habent judicare scabini comitis, non tamen sine nuntio episcopi. Omnia alia forisfacta que ibi evenerint, si LX. solidos excesserint, erunt comitis, et ea judicabunt scabini comitis.

6 — Si forte episcopus emendationes sibi cedentes habere non poterit et ad hoc auxilium comitis quesierit, comes eum juvare debet, et, e converso, episcopus comitem. Comes autem cogere debet homines suos ut stent judicio coram episcopo, si forisfecerint unde judicari debeant per scabinos episcopi quemadmodum et episcopus suos si forisfecerint unde judicari per scabinos comitis debeant.

7 — Preterea nullus hominum, qui sit de communitate ville Atrebatensis qui consuetudines comiti debeat, in eadem villa poterit transire ad manendum extra muros in districto episcopi absque assensu comitis, nec aliquis hominum episcopi infra muros absque assensu episcopi.

8 — Bannum quoque, qui fiet in villa Atrebatensi per comitem et scabinos suos de venalibus et victualibus, faciet episcopus teneri in districto suo, et, si forisfactum inde emerserit, episcopi

(1) La charte, à partir de cet endroit, est divisée en articles numérotés.

erit. Quod si episcopus bannum teneri non fecerit, postquam ei monstratum fuerit, intercipiet erga comitem.

9 — Bannitos comitis non debet episcopus retinere in districto suo extra muros nisi per tres dies, et, post triduum, si inde requisitus fuerit, reddet comiti, si potuerit. Sin autem comes faciet bannitum suum capi ubicumque inventus fuerit, salva in omnibus dignitate ecclesie et atrii.

10 — Illud tamen summo opere notandum quod nec canonicus, nec aliquis manens in atrio, debet ultra tercium diem bannitum comitis retinere.

Homines episcopi, quicquid extra muros in tota terra episcopi et ecclesie forisfecerint, non potest comes bannire nec retinere, si episcopus eos bannierit.

Preterea sciendum est quod nec episcopus, nec comes, poterit minuere vel condonare forisfacta utrique communia nec aliquam inde compositionem facere absque assensu alterius.

Omnia autem forisfacta que in hac compositione continentur non poterunt de cetero majora constitui, sed, qualia modo sunt, talia perpetuo remanebunt.

Si aliquo casu comes prohibuerit in districto suo cervisiam fieri, tamen episcopus unam cambam debet habere in districto suo ubicunque voluerit, ad opus familie sue et ad opus canonicorum et clericorum. Aliis nec a cambario nec a clericis potest vendi. Quod si comes in presenti negotio vel in aliquo alio adversus ecclesiam interceperit (1) dando eidem ecclesie singulis annis in Purificatione beate Marie candelam, quinque solidorum interceptionem suam emendat.

Huic compositioni interfuerunt : Balduinus, comes Hadnoniensis ; Robertus advocatus ; Micahel, comes stabuli ; Hellinus dapifer ; Jacobus de Avednis ; Rogerus, castellanus de Cortrai ; Johannes, castellanus Insulanus ; Guillelmus, castellanus de Sancto Audomaro ; Michael, castellanus de Duaco ; Raso de Gavela ; Henricus de Ororsella ; Guillelmus de Haisci ; Gualterus de Locres ; Gualterus de Atrebato ; Gerardus, prepositus Duacensis ; Gillebertus de Area ; Johannes de Waencort ; pater et Johannes filius ; Petrus de Buscu ; Gerardus de Sorel ; Eustachius de Novavilla ; Gerardus de Mescines ; Petrus capellanus ; Radulfus archidiaconus ; Johannes, cantor Duacensis ; Martinus, Tybertus et Guasso, capellani ; Milo et Durandus, decani, et alii quamplures.

Actum anno Domini Mo. Co. LXXVIIo.

45

Folio 25, recto.

1179. — Le prévot, le doyen et le chapitre de la cathédrale d'Arras, notifient la donation à eux faite, par l'évêque Frumaud, d'une dîme à Gommecourt et d'un muid de froment à Ecurie.

R[ogerus] prepositus, P[etrus] decanus, cum universo Atrebatensis ecclesie capitulo, etc. Ad exemplar, etc. Itaque dominus Frumaldus, episcopus noster, pro sua predecessorumque suorum salute, duas partes decime de Gomercort, quas propriis sumptibus de manu laica liberavit et modium frumenti apud Scuiri, de terris quas ibidem comparavit, ecclesie nostre, in usus videlicet nostros et sucessorum nostrorum, imperpetuum contulit, ea tamen conditione

(1) Cart. : intercepit.

quod singulis annis quod ipse vixerit, in anniversario sue consecrationis die, dominica videlicet qua cantatur Gaudete in Domino, nobis clericisque chori nostri pro quantitate beneficii refectionem procuremus ; et in obitu Philippi, alumpni sui, canonici quoque nostri, decem solidos annuatim distribuamus. Cum vero idem episcopus patrum suorum sequens conditionem ipsis fuerit appositus, predictam refectionem in anniversarium obitus sui diem transmutabimus, decem solidis eodem die pauperibus erogatis salvaque distributione quam in obitu Philippi superius fieri annotavimus.

Ut igitur bene ordinantis intemerata perseveret ordinatio, huic pagine, *etc*. Datum [anno] millesimo Cᵒ. LXX. IXᵒ.

Orig., ARCH. DU PAS-DE-CALAIS, *Chapitre d'Arras*, carton F.-H. (Sceau du chapitre en cire blanche sur double queue de parchemin).

46

Folio 20, recto.

1180. — L'Evêque de Soissons, Nivelon, fixe les limites de l'Evêché d'Arras et de celui de Tournai, du côté de Coutiches (1).

N., Dei patientia Suessionis ecclesie dictus episcopus, et R., Remensis decanus, universis Sancte matris ecclesie filiis ad quos littere iste pervenerint, salutem. Notum facimus universitati vestre quod nos, auctoritate apostolica, ad inspiciendos terminos, tam Atrebatensis episcopatus quam Tornacensis (2) accedentes, presente domno Atrebatensi et sufficiente responsali domini Tornacensis (2), juxta formam nobis a domino papa prescriptam veritatem a circummanentibus inquisivimus, et postmodum testibus multis grandevis, omni exceptione majoribus juratis et diligenter examinatis, plenam fidem nobis de finibus ipsis facientibus, a ponte qui dicitur Beverwi usque ad alium pontem qui appellatur pons matris Hamerici Cathoire, sicuti rivulus inter eosdem discurrit pontes, jus episcopale a parte ville que dicitur Custices, infra quos terminos viculus qui dicitur Vacaria situs est, ecclesie Atrebatensi adjudicavimus.

Actum anno Domini millesimo Cᵒ. L. XXXᵒ.

47

Folio 28, recto.

1180. — Le prévôt Roger, le doyen Pierre et le Chapitre d'Arras notifient qu'Adon, échevin d'Arras, a légué au chapitre une rente de 10 livres pour entretenir un prêtre dans la cathédrale.

R[ogerus] prepositus, P[etrus] decanus, cum universo Attrebatensis ecclesie capitulo.....

(1) On lit en marge : *hoc pertinet ad episcopum*, ce qui explique pourquoi le commencement de la charte est biffé.

(2) *Cart.* : Torniacensis.

Decet viros ecclesiastice professionis ecclesiarum utilitati et honorati attentus invigilare.....
Eapropter presentis scripti testimonio universis manifestamus quod Ado, scabinus Atrebatensis, filius Savalonis de Subcrientione, de patrimonio suo x. libras nostre monete annuatim
post decessum ejus percipiendas in ecclesia nostra ad usum et victum cujusdam sacerdotis
assignavit, qui et ecclesie nostre servitio assiduus erit et qualibet die missam specialiter pro
anima patris ipsius A[donis], matris et uxoris, sui etiam, cum decesserit, et omnium
fidelium defunctorum, in loco sibi in ecclesia nostra assignato celebrabit, exceptis diebus dominicis et majoribus anni sollemnitatibus; in quibus tamen, salvo dierum sanctorum servitio,
memoria predictorum defunctorum et omnium fidelium specialis habebitur. Et, cum idem
sacerdos qui de institutione fundatoris, videlicet Adonis, fuit institutus, decesserit, decanus noster
imperpetuum cum duobus sacerdotibus canonicis majoris reverentie et etatis. Qui, etiam si
dissimularent. a capitulo sunt cogendi sub periculo anime sue, ad honorem Dei et utilitatem
ecclesie alium eligent, et absque contradictione in predicto beneficio instituent, dum tamen ille
qui eligetur, nec ante suam electionem, nec post, salva sicut ordinatum est fidelium memoria,
nisi electioni sue resignaverit, nec apud nos, nec alibi, plus quam valens centum solidos
reddituum possit habere vel adipisci. Si vero predicti tres in electione concordes inventi non
fuerint, electio tamen duorum incolumis et inconvulsa perseverabit. Statuimus ergo et sub
anathemate districtius inhibemus ne quis hanc nostri testimonii paginam violare vel immutare
presumat, quoniam, nisi de hoc malefacto satisfactionem fecerit, cum Dathan et Abiron quos
terra vivos absorbuit, absque spe misericordie dampnationem se noverit incursurum.

Actum hoc Domini M°. C°. L. XXX°. et recognitum in plena synodo, presente domino
Frumaldo episcopo et ipsius episcopi et totius synodi auctoritate sub anathemate firmiter robo-
ratum, salvo jure episcopali.

Indiqué : FANIEN, Hist. du Chap. d'Arras, p. 160.

41

Folio 24, recto.

**1180. — Le prévôt Roger, le doyen Pierre et le Chapitre d'Arras concèdent au prêtre
Gilbert, sa vie durant, une partie des revenus de la paroisse de St-Sauveur ainsi que le
sixième de la dîme de Saulty. Après la mort de celui-ci et celle de Denis, la dîme fera
retour au Chapitre.**

R. prepositus, P. decanus, cum universo Atrebatensis ecclesie capitulo *etc.* Notum facimus
universis quod, communi consensu et approbatione fratrum nostrorum, Gilleberto presbitero,
tota vita sua tenendum et percipiendum, concessimus quicquid de parrochia Sancti Salvatoris,
preter (1) L. libras nostre monete et unam libram cere in communes usus nostros provenire
debebit, ut ita, nostra liberalitate ab omni parrochiali onere liber, cum emolumento eciam
temporali ecclesie nostre familiarius teneatur servire, et si sacerdos institutus, vivente
G[illeberto], decesserit, alium consilio ipsius substituemus. Preterea eadem decernimus incolu-
mitate durare quod predicto G., super sexta parte decime de Sauti, quam nobis et ecclesie
propriis sumptibus comparavit, non sine communi deliberatione nostra concessimus, videlicet

(1) *Cart.* : prete.

quod predicte decime fructus, tam ipse quam alumpnus ejus Dionisius, debeant, cum omni libertate et integritate, tota vita sua tenere, et prout ipse vivens ordinaverit, post decessum utriusque in usus nostros devenire.....

Factum in capitulo nostro et sigillo nostro corroboratum, anno Domini millesimo centesimo LXXXᵒ. Datum per manum Sigeri magistri scolarum, subscriptis nominibus qui interfuerunt et assensum prebuerunt. Signum Rogeri prepositi. Signum decani. Signum Anselmi cantoris. Signum Galteri de Bapalmes. Signum Anastasii. Signum Baldevini. Signum Mathei, canonicorum presbiterorum. Signum Elemberti. Signum Petri. Signum Guidonis. Signum Nicholai. Signum Henrici, canonicorum diaconorum. Signum Herberti. Signum Hugonis. Signum Martini. Signum Galteri. Signum Everardi. Signum Johannis. Signum Petri. Signum Roberti. Signum Johannis. Signum Nicholai, canonicorum subdiaconorum (1).

49

Folio 9, recto.

S. D. (1159-1181). — **Le pape Alexandre III confirme le Chapitre d'Arras dans ses possessions, en lui défendant d'augmenter les redevances que lui paient ses églises.**

Alexander *etc.* Officium nobis *etc.* Villas, parrochias, capellas, altaria, decimas, hostagia et cetera ad victum et vestitum et alios usus vestros deputata, in eo statu et libertate qua usque ad hec tempora pacifice et legitime tenuistis, vobis auctoritate apostolica confirmamus et presentis scripti patrocinio communimus ; ita tamen quod non liceat vobis, occasione hujus confirmationis, contra antiquam et rationabilem consuetudinem, censum ecclesiarum vestrarum augere et eisdem ecclesiis semel impositum ulla superaddere ratione, nisi forte possessiones ipsarum ecclesiarum creverint et fuerint ampliate. Decernimus ergo *etc...*

Indiqué : JAFFÉ, t. II, nᵒ 13760.

30

Folio 4, recto.

S. D. (1159-1181). — **Le pape Alexandre III défend de construire aucune église dans les limites des paroisses appartenant à l'église d'Arras et d'y célébrer les saints mystères sans l'autorisation de l'Evêque et du Chapitre.**

Alexander *etc.* Hortatur nos et admonet, *etc.* Hac itaque ratione inducti, auctoritate apostolica prohibemus ne quis infra terminos parrochie vestre, absque consensu episcopi vestri et vestro, ecclesiam de novo construere, aut ibidem audeat celebrare divina ; salvis nimirum privilegiis et autenticis scriptis Romane ecclesie indultis. Decernimus ergo, *etc.* Si quis autem, *etc...*

Indiqué : JAFFÉ, t. II, nᵒ 13750

(1) *Cart.* : Subdiacorum

31

Folio 7. verso.

S. D. (1159-1181). — Le même Pape accorde à l'Evêque d'Arras le droit de faire juger par son tribunal séculier les causes temporelles pendantes entre laïques, quand même, dans le cours du procès, l'une des parties en appellerait au juge d'église.

Alexander *etc*... Quanto personam tuam *etc*..., Duximus indulgendum ut si inter seculares personas super rebus temporalibus, ad tuam jurisdictionem spectantibus, questio in curia tua emerserit, et altera pars ad ecclesiasticum judicem, duxerit appellandum, nichilominus tu et officiales tui seculares, eidem cause nullius appellatione tali obstante, finem debitum imponere valeatis.

Indiqué : Jaffe, t. ii, n° 13756.

32

Folio 7, verso.

S. D. (1159-1181). — Le même Pape approuve la disposition relative au pain et au vin.

Alexander *etc*... Dilectis filiis canonicis Atrebatensis ecclesie *etc*... Audivimus, quasi ex communi relatione multorum, quod vos non ita, prout convenit, attente et sollicite vestre ecclesie deservitis, sed, sive in Civitate sitis, sive extra Civitatem vos contingat discurrere, eadem ecclesia ex majori parte debitis obsequiis defraudatur. Unde si duxeritis statuendum quod panis et vinum illis tantummodo canonicis distribuantur qui matutinis vel diurnis officiis interfuerint, cum id nobis per literas vestras innotuerit, nos constitutionem ipsam, auctore Domino, apostolica curabimus auctoritate firmare.

Indiqué : Jaffe, t. ii, n° 13757.

33

Folio 4, verso, et 5, verso.

S. D. (1159-1181). — Le même décide que les chanoines absents ne toucheront que la moitié de leur prébende.

Alexander, *etc*.... Decet nos ecclesiasticis.... Hac itaque ratione inducti et vestris justis postulationibus grato concurrentes assensu, institutionem vestram, sicut eam communi sensu fecistis, ut scilicet forinseci canonici tantum sint prebendarum suarum medietate contenti, nisi causa studii vel peregrinationis, aut in curia nostra, de licentia vestra fuerint absentes, ita quod alia medietas, excepto eo quod ingruente necessitate pro negotiis ecclesie expendi oportuerit, cedat in usum clericorum qui ecclesie vestre deserviunt, et illud quod ibi de pane et vino et cervisia per aliquam partem anni distribuitur, non nisi canonicis presentibus vel pro negociis ecclesie destinatis erogetur, auctoritate apostolica confirmamus, *etc*... Statuentes ut nulli, *etc*... Si quis autem, *etc*...

Indiqué : Jaffé, t. ii, n° 13751.

34

S. D. (1159-1181). — Le même défend aux archevêques et évêques de lever des droits nouveaux sur le Chapitre d'Arras ou d'augmenter ceux qui existent déjà.

Alexander, *etc* .. Tunc officium nostrum *etc*... Auctoritate apostolica prohibemus ut nulli archiepiscopo vel episcopo liceat novas et indebitas exactiones, sive nomine procurationis, sive alio modo, vobis imponere, vel super his ecclesiam vestram aliquatenus aggravare. Statuentes *etc*... Si quis autem *etc*...

Indiqué : JAFFÉ, *op. cit.*, n° 13752.

35

S. D. (1159-1181). — Le même Pape accorde à l'église d'Arras le droit de recevoir les dîmes et les autels qui lui seront donnés, pourvu que ces dîmes ou ces autels n'appartiennent pas déjà à une autre église.

Alexander, *etc*.., Officii nostri nos hortatur *etc*... Indulgemus quod si aliquis clericus vel laicus, in vestra diocesi constitutus, decimam vel altare tenens, id vobis vel ecclesie vestre in elemosinam conferre voluerit, licitum sit vobis, dummodo decima vel altare de alterius ecclesie jure non fuerit, donum ejus suscipere et nos concessionem ejus ratam et firmam volumus permanere.

Indiqué : JAFFÉ, *op. cit.*, n° 13753.

36

S. D. (1159-1181). — Le même Pape défend aux religieux de St-Vaast d'admettre aux saints offices ou à la sépulture ecclésiastique les excommuniés et les interdits, pendant toute la durée de l'interdit de la Cité.

Alexander episcopus, servus servorum Dei, dilectis filiis abbati et capitulo Sancti Vedasti Attrebatensis, salutem et apostolicam benedictionem. Non possumus non molestum habere quod cum Atrebatensis Civitas, de mandato venerabilis fratris nostri Atrebatensis episcopi, pro culpa nobilis viri Flandrensis comitis, sicut asserit, subjaceat interdicto, vos, non solum in monasterio divina officia celebratis, sed etiam in ecclesiis vestris facitis celebrari et interdictos et excommunicatos ipsius episcopi ad officia divina recipere minime dubitatis, licet autem mandaverimus vobis ab hujus modi presumptione cessare. Quia tamen mandatum nostrum super hoc, sicut accepimus, exequi noluistis, per apostolica vobis scripta precipiendo

mandamus et mandando precipimus quatinus excommunicatos vel interdictos predicti episcopi
ad divina officia vel ad sepulturas recipere minime presumatis, nec nisi in monasterio vestro,
donec interdictum duraverit, clausis tamen januis, non pulsatis campanis, exclusis excommu-
nicatis et interdictis, suppressa voce divina officia celebretis. Sane si pro nobis nolletis a
tanta presumptione desistere, saltem pro vobis ipsis desistere deberetis, quia prefatus episcopus
satis vobis posset in similibus respondere, si quando pro vobis interdicti sententia ponetur ;
nec nos eum ab hoc de jure cohercere possemus, si ad mandatum nostrum a simili nolletis
presumptione cessare, et nisi ab hoc destiteritis, timendum vobis est ne vestrum privilegium
amittatis.

Indiqué : JAFFÉ, *op. cit.*, n° 13754.

57

Folio 6, recto.

S. D. (1159-1181). — **Le même Pape confirme au Chapitre d'Arras le droit d'élire libre-
ment son évêque, le prévôt, le doyen et le chantre.**

Alexander episcopus servus servorum Dei, dilectis filiis decano et capitulo Atrebatensis
ecclesie *etc...* Apostolice Sedis *etc...* Sicut hactenus conservatum est in ecclesia vestra eligendi
episcopum, decanum, prepositum vel cantorem, liberam facultatem vobis auctoritate apostolica
confirmamus, nisi forte ita, quod absit, inter vos aliquorum malitia invaluerit ut hoc aut
nolitis, aut non possitis, vel communiter, vel cum majori et saniori parte complere, ita quod,
obeunte episcopo vel decano, preposito vel cantore, nullus ibi aliquorum astutia preponatur,
nisi quem fratres communi assensu, vel pars fratrum majoris et sanioris consilii, secundum
Deum ad predicta officia canonice previderint eligendum. Preterea statuimus ut nulli archiepiscopo vel episcopo, sine manifesta et rationabili causa, aliquem de canonicis ecclesie vestre
suspendere liceat, vel in ipsam interdicti vel excommunicationis sententiam promulgare.

Prohibemus insuper ne aliquis infra terminos parrochiarum vestrarum sine licentia vestra
ecclesiam de novo edificare vel consecrare presumat, salva tamen in omnibus Apostolice Sedis
auctoritate. Statuentes *etc...* Si quis autem *etc...*

Indiqué : JAFFÉ, *op. cit.*, n° 13755.

58

Folio 8, recto.

S. D. (1159-1181). — **Le même Pape accorde au Chapitre d'Arras un privilège spécial à
l'égard de ses paroissiens convaincus de méfait grave.**

Alexander *etc.* Ex officii nostri debito *etc.* Hac siquidem consideratione inducti et peticione
vestra nichilhominus inclinati, devotioni vestre auctoritate apostolica indulgemus ut si
episcopus vester de parrochianis suis malefactoribus vestris legitime requisitus justiciam

7

vobis exhibere noluerit, aut absens extra dyocesim vestram extiterit, liceat vobis vel ad metropolitanum vestrum recurrere, aut malefactores vestros interdicti et excommunicationis sententia, usque ad dignam satisfactionem exhibitam condempnare, dummodo culpa talis extiterit, pro qua aliquis merito interdici debeat aut vinculo excommunicationis astringi.

Indiqué : JAFFE, *op. cit.*, nᵒ 13758.

59

Folio 8, recto.

S. D. (1159-1181). — Le même Pape protège l'église d'Arras contre les exactions du seigneur d'Oisy.

Alexander *etc...* Ad aures nostras pervenisse noscatis quod cum episcopus vester, qui pro tempore fuerat, ad ecclesiam vestram primum post consecrationem suam soleret accedere, nobilis vir Symon de Oysi (1) eidem palafredum suum in introitu atrii auferre consueverat. Cum autem aliquem episcoporum vestrorum decedere contingebat, jam dictus Symon curiam ejus Atrebatensem et illam de Mareolo pro custodia solebat intrare, et, que ibidem invenire poterat, asportare. Que utique, sicut audivimus, eidem S. in curia Karissimi in Christo filii nostri illustris Francorum regis jampridem abjudicata fuerunt, cum Atrebatensis episcopatus fuit a Cameracensi divisus. Unde, quoniam tam prave consuetudinis usus est ab ecclesie Dei limine penitus extirpandus, auctoritate apostolica, sub interminatione anathematis, districtius inhibemus ne memoratus S. vel aliquis heredum vel successorum suorum de cetero talia sibi in ecclesia vestra audeat ullo tempore vendicare, vel contra sententiam in jam dicti regis curia exinde latam, qualibet occasione venire.

Indiqué : JAFFÉ, t. II, nᵒ 13759.

60

Folio 8, recto.

S. D. (1179-1181).— Le pape Alexandre III mande à l'évêque d'Arras (2), aux abbés et aux prélats de son diocèse, qu'ayant appris que l'archevêque de Reims, légat du St-Siège, s'était fait remplacer dans sa mission, il leur défend de répondre aux mandataires de celui-ci, à moins qu'ils ne soient munis d'un pouvoir spécial.

Alexander, servus servorum Dei, venerabili fratri Atrebatensi episcopo, dilectis filiis abbatibus et aliis ecclesiarum prelatis in eodem episcopatu constitutis, salutem et apostolicam benedictionem. Te, frater episcope, (2) nobis significante, cognovimus quod cum venerabilis frater noster Remensis archiepiscopus (3) Sancte Sabine cardinalis, apostolice sedis legatus,

(1) Voir sur ce personnage, A. DE CARDEVACQUE, *Oisy et ses seigneurs*, p. 55 et suivantes.

(2) Frumaud (1174-1183).

(3) Guillaume de Champagne (1176-1202).

cui in partibus vestris officium legationis commisimus, aliquibus vices suas in eisdem
partibus exequendas committit, hii quos procuratores suos constituit alios iterum suos
procuratores constituunt, unde sepe contingit quod videbitis gravamini exactionibus et expensis.
Quoniam igitur vestris gravaminibus super his ex nostri officii debito cogimur precavere,
presentibus vobis litteris prohibemus ne hujusmodi procuratoribus vel legatis obtentu
legationis hujus modi in aliquibus respondeatis, nisi nostrum pro ipsis receperitis speciale
mandatum.

Indiqué : JAFFÉ, t. II, n° 14344.

61

Folio 27, verso.

S. D. (1181-1182). — Le prévôt, le doyen et le Chapitre d'Arras notifient qu'ils sont
convenus de soumettre à l'arbitrage de quatre chanoines le différend pendant entre eux et
leur évêque.

R. prepositus, M. decanus cum universo Atrebatensis ecclesie capitulo *etc.* Post multiplices
et varias questiones que inter nos et episcopum nostrum super quibusdam possessionibus et
dignitatibus sue consuetudinibus ecclesie nostre emerserant, redeunte ad nos spiritu pacis et
concordie, in quatuor ex canonicis, tactis sacrosanctis quod eorum arbitrio stabimus, communi
consensu et episcopi et nostri compromisimus, hac tamen conditione interposita, quod......,
secundum Remensis ecclesie et Ambianensis consuetudines, infra festum sancti Remigii,
quod est anno Domini M°. C°. LXXX° II°., jus suum nobis et episcopo debeant assignare et
in scripto redigere, ut in posterum omnis contendendi occasio scripti auctoritate tollatur a
nobis, exceptis tam privilegiis antiquis ante contentionis nostre ingressum ab utraque parte
impetratis, ita videlicet quod ea que post mortem Anselmi cantoris nostri utraque pars
obtinuerit, in manus arbitrorum debeant deponi et ad nutum eorum, secundum quod utrique
parti jus suum assignaturos se juraverunt, vel confirmari, vel penitus irritari. Que vero ibi
oblata non fuerint manibus eorum, nullius imperpetuum erunt auctoritatis.

62

Folio 43, verso.

S. D. (1182). — Guillaume, archevêque de Reims, cardinal légat du St-Siège Apostolique,
adresse au Chapitre d'Arras diverses prescriptions relatives à la tenue des chanoines.

Willelmus, Dei gratia Remorum archiepiscopus, Sancte Romane Ecclesie tituli Sancte
Sabine cardinalis, Apostolice Sedis legatus, dilectis filiis R[ogero] preposito, M[atheo] decano
et capitulo Atrebatensi salutem. Ea que a prelatis ecclesiarum honestatis et religionis intuitu
ordinantur, a subjectis libenti animo suscipi et inviolabiliter debent observari. Meminimus
autem quod cum anno preterito apud vos essemus, videntes vos cum cappis et superpelliciis
gerere pileos camelinos qui etiam per vicos et plateas ad decorem et gloriam ferri solent, ad

peticionem quorundam vestrum consuetudinem illam sicut satis enormem dampnavimus et sub anathemate interdiximus et adhuc interdicimus ne quis vestrum manifeste aut occulte cum cappa et superpellicio de cetero per cimiterium vel in ipsa ecclesia tales pileos ferre presumat. Indulgemus autem, in subsidium frigoris, impatientibus, pelliceos et tales posse habere quales consueverunt canonici matris vestre Remensis ecclesie.

Indiqué par Fanien, *Hist. du Chapitre d'Arras*, p. 161.

63

Folio 26, verso.

S. D. (1182-1183). — Frumaud, évêque d'Arras, R., prévôt, M., doyen, et le Chapitre, notifient l'accord intervenu entre eux au sujet de l'élection du chantre de la cathédrale.

F[rumaldus] Dei Gratia Atrebatensis episcopus et R[ogerus] prepositus, M[atheus] decanus, cum universo Atrebatensi[s] ecclesie capitulo, omnibus qui literas istas inspexerint, in Domino salutem. Quoniam ex gravedine molis corporee..... Iccirco, ad evitandam tam frequentem in ecclesia Dei pestilentiam, compositionem que inter nos de electione cantoris nostri, per bonos viros concordie et pacis amatores intercessit, scripto memoriali dignum duximus commendare, quœ talis est : cum post mortem Anseili cantoris nostri, de alio subtituendo controversia mota fuisset et non sine gravi utriusque partis dispendio hinc inde diutissime esset decertatum, tandem vexatione dante intellectum, in hunc modum pari consensu convenimus, quod post primam ab illa questione mota cantoris electionem, que celebrata est anno Domini M°. C°. LXXXII° (1), capitulum et episcopus in unum convenient, et, presente episcopo, sive sit canonicus, sive non, de eligendo cantore tractabitur; et si unanimiter omnes, episcopus videlicet et capitulum, in aliquam personam per Dei gratiam consentire poterint, illa absque omni contradictione et calumnia nominabitur et installabitur. Si vero, quod Deus avertat, communem concordiam non invenerint, et episcopus pariter et capitulum unum de archidiaconis, duos presbiteros, unum diaconum et unum subdiaconum melioris opinionis et sanioris consilii eligent, qui, facto sacrosancto (2) evangelio, jurabunt quod illum de capitulo nostro in cantorem eligent, quem ad officium illud magis utilem et idoneum esse cognoverint. Hanc itaque compositionem nostram, ut in perpetuum firma et [in]concussa servetur, appositione sigillorum nostrorum corroborari fecimus.

64

Folio 34, verso.

1183. — Le prévôt Roger, le doyen Mathieu et le Chapitre d'Arras notifient la cession par eux faite à l'abbaye de Marœuil de la dîme et du droit de terrage par eux possédé audit endroit, en échange du sixième de la dîme de Saulty.

R. prepositus, M. decanus, cum universo Atrebatensis ecclesie capitulo, tam presentibus

(1) *Cart.* : LXXXXII°. L'addition d'un X en trop est évidente, puisque l'évêque Frumaud est mort en 1183 (*Gallia christiana*, III, 328. — *Annales Gallo-Flandrie*, VI, 246. — Gams, *Series episcoporum*, p. 495, donne la même date en ajoutant : *alias* 1186.

(2) *Cart.* : Sacrosancta.

quam futuris imperpetuum. Quoniam labilis est hominum memoria *etc*..... quocirca..... *notum*
fieri presenti scripto satagimus quod ecclesie de Mareolo, pari voluntate et episcopi nostri
approbatione, decimam et terragium que apud Mareolum habemus sub annuo censu XII.
denariorum in Natali Domini solvendorum, libere et quiete possidenda imperpetuum concessimus. Predicta vero ecclesia decimam quam apud Sauti, nomine sexte partis a Johanne de
Fosseus, consensu dominorum suorum comparavit cum omni proprietate et quieta possessione,
consensu etiam et voluntate domini F[rumaldi] episcopi nostri, pro illa decima et terragio utili
recompensatione resignavit. Igitur, ne temporum instabilitate, *etc*..... Actum Domini anno
millesimo centesimo LXXXº IIIº. Datum per manum Sigeri magistri scolarum.

Indiqué: FAXIEN, *Histoire du Chapitre d'Arras*, p. 161.

65

Folio 9, recto.

S. D. (1181-1185). — Le pape Lucius III défend aux évêques d'Arras de léguer à leur
famille le mobilier de leurs habitations ; il confirme en outre certains droits du Chapitre.

Lucius *etc*... Commissa nobis omnium ecclesiarum sollicitudo, *etc*... Ut igitur ecclesie vestre
status eradicatis que videntur rationi contraria, et que sunt juri consona roboralis, auctore
Domino vigiter servetur indemnis, apostolica auctoritate statuimus ut, quemadmodum est
antiquis canonibus institutum et nuper etiam in Lateranensi concilio renovatum, non liceat
episcopis vestris de suppellectibus domorum suarum seu de aliis que ad ecclesiam pertinent
condere testamentum, ne vel utilitas successorum in domesticis facultatibus minoretur, vel
ecclesie sustantia ad propinquos vel familiares eorum quasi hereditario jure contra sacros
canones devolvatur. Sicut autem in prefata ecclesia vestra rationabili consuetudine hactenus
est servatum ut, episcopatu vacante, prepositus vester domos et redditus episcopales episcopo
substituendo conservet, ita in posterum decernimus observandum et eandem consuetudinem
presenti vobis pagina confirmamus, sic tamen ut sine consilio duorum canonicorum qui ad hoc
exequendum a capitulo fuerint instituti nichil in his que dicta sunt prepositus ipse disponat. Illud
preterea quod communis institutio et consuetudo requirit ut residentes ecclesie vestre, si de
communi licentia peregrinationis causa vel studii eos abesse contigerit, vel in curia Romana (1)
morari, prebende sue integritate gaudeant. Faurinseci autem nichil ultra medietatem in casibus
supradictis optineant perpetuam obtinere volumus firmitatem, adicientes ut si quando forinseci
ad Civitatem accesserint, nullam distributionem panis et vini suscipiant si non saltim semel
in die se, sicut debent, ad divina officia ecclesie representent. Preterea cotidianam distributionem denariorum quos vobis pie recordationis Alexander papa, predecessor noster, scripti sui
pagina confirmavit, nos quoque, ad exemplar ipsius, auctoritate apostolica confirmamus et
presentis scripti patrocinio communimus. Nulli ergo *etc*...

Indiqué : JAFFÉ, t. II, nº 15156.

(1) *Cart.* : ramana.

66

S. D. (1181-1185). — Le même pape confirme la décision du Chapitre relative aux revenus accessoires des prébendes.

Lucius *etc*... Que a nobis ratione *etc*... Considerantes siquidem, sicut nostris est auribus intimatum, quod hi qui in ecclesia vestra impendebant assidue Domino famulatum, nichil amplius de proventibus ecclesie obtinebant, dilectus filius noster P., quondam decanus ipsius ecclesie, et major et sanior pars capituli statuerunt ut super excrescentie prebendarum ejusdem ecclesie his qui horis matutinalibus omnibus et diurnis intererunt, equaliter dividantur ; panem quoque ac vinum que cotidie inter canonicos dispensantur dividenda inter eos solummodo statuerunt. Has igitur constitutiones.... auctoritate apostolica confirmamus, *etc*...

Indiqué : Jaffé, t. ii, n° 15157.

67

S. D. (1181-1185). — Le même remet à l'arbitrage de Théobald (1), évêque d'Amiens, le soin de décider de quel diocèse, d'Arras ou de Thérouanne, dépend l'abbaye de Chocques.

Lucius episcopus, servus servorum Dei, venerabili fratri. T., Ambianensi episcopo, dilecto filio magistro R. Polet, salutem et apostolicam benedictionem. Ex parte venerabilis fratris nostri episcopi et dilectorum filiorum canonicorum Atrebatensium querelam accepimus, quod cum monasterium de Zoches infra terminos eorum diocesis positum ad ipsos et Atrebatensem ecclesiam spectet, venerabilis frater noster Morinensis episcopus cenobium dicens illud ad se pertinere. Post appellationem ad nos factam, ipsum contra voluntatem eorum dedicare presumpsit. Nos itaque, juri utriusque partis providere volentes, ne episcopatuum fines propter dissensiones et altercationes hujus modi confundantur, discretioni vestre per apostolica scripta mandamus quatinus ad jam dictum locum pariter accedentes, que vobis ab utraque parte proposita fuerint, diligentius audiatis, et inter eos, quod justum fuerit judicetis, et precipiatis quod judicatum fuerit ab utraque parte, appellatione remota, servari.

Imprimé : Lœwenfeld, *Epist.*, p. 216. — *Indiqué* : Jaffé, t. ii, n° 15155.

68

S. D. (1184-1185). — Le même pape décide que les chanoines absents ne recevront pas plus de 20 s. sur leur prébende et qu'on nommera des vicaires pour les remplacer.

Lucius episcopus, servus servorum Dei, venerabili fratri Petro episcopo et dilectis filiis

(1) Théobald III d'Heilly (1169-1204).

canonicis Atrebatensibus *etc...* Quanto magis, habundante malitia, caritas refrigescit, *etc...* Quoniam igitur in plerisque ecclesiis Flandrie, cum prebende sint plurime, pauci sint canonici residentes, ita ut pro eorum paucitate frequenter videatur divinorum officiorum sollempnitas deperire, pro eo maxime quod cum absentes non minora fere percipiant quam presentes, raro tamen ibidem officia divina frequentent; ne processu temporis in ecclesia vestra simile quid contingat, presentium auctoritate statuimus et sub interminatione anathematis futuris temporibus observari censemus ut in predicta ecclesia vestra absentes canonici qui fuerint in posterum assumendi, nichil penitus ultra viginti solidos singuli de sua prebenda percipiant, sed loco eorum, cum consilio episcopi qui pro tempore fuerit, idonei vicarii per capitulum statuantur, quibus centum solidi prebendis absentium assignentur. Nulli ergo *etc...*

Imprimé : Lœwenfeld, *Epistolæ,* p. 226. — *Indiqué* : Jaffé, t. ii, n° 15339.

69

Folio 57, verso.

S. D. (1185, *4 mars. Vérone*) (1). — Lettre du pape Luce III à Pierre, évêque d'Arras, relative aux anathèmes encourus par les hérétiques et aux punitions à infliger aux avoués des églises.

Lucius episcopus, servus servorum Dei, venerabili fratri Petro, Atrebatensi episcopo, salutem et apostolicam benedictionem. Fraternitatem tuam super his que contra hereticos sunt statuta tanto specialius reddidimus certiorem, quanto tibi in episcopatu tuo laborem contra eos majoris credimus certaminis imminere. Noveris itaque quod ad abolendam diversarum heresum pravitatem, que in plerisque mundi partibus modernis cepit temporibus pullulare, vigor debet ecclesiasticus exerceri, cui nimirum regum et principum suffragante potentia et hereticorum procervitas, in episcopis falsitatis sue conatibus elidant et catholice simplicitas veritatis in ecclesia sancta resplendens, eam ubique demonstret ab omni consectatione falsorum dogmatum expiatam. Ideoque nos, karissimi in Christo filii nostri, F. illustris Romani (2) imperatoris semper augusti presentia pariter et vigore suffulti, de communi consilio fratrum nostrorum necnon aliorum archiepiscoporum, episcoporum, multorumque principum, qui de diversis partibus convenerunt contra ipsos hereticos, quibus diversa vocabula diversarum indidit professio falsitatum, presentis decreti generali prosanctione consurgimus, et omnem heresim quocumque nomine censeatur, per hujus constitutionis seriem, auctoritate apostolica condempnamus.

In primis igitur omnes hereticos, quibuscunque nominibus nuncupentur, perpetuo decernimus anathemati subjacere ; et, quoniam nonnulli sub specie pietatis et virtutem ejus juxta quod ait apostolus abnegantes auctoritatem sibi vendicant predicandi, cum idem apostolus dicat quomodo predicabuntur nisi mittantur omnes qui prohibiti ab ecclesia preter auctoritatem ab

(1) D'après Moreau (t. lxxxvi, f° 66, v°), on devrait assigner à cette bulle la date de 1182. Nous acceptons, pour notre part, celle donnée par les *Regesta pontificum* de Jaffé (t. ii, n° 1377). Contrairement à l'allégation de Moreau, le pape Luce III mourut à Vérone le 24 novembre 1185. C'est à cette époque que des Albigeois convaincus d'hérésie, après avoir subi la question, montèrent sur le bûcher.

(2) *Cart.* : Romane.

Apostolica Sede, vel ab episcopo loci susceptam publice vel priviatim predicare presumpserint, et universos qui de sacramento corporis et sanguinis domini nostri Ihesu-Christi, vel de baptismate, seu peccatorum confessione, aut de matrimo[nio], seu reliquis ecclesiasticis sacramentis aliter sentire vel docere non metuunt quam sacrosancta Romana ecclesia predicat et observat, et generaliter quoscumque Romana ecclesia vel singuli episcopi per dioceses suas cum consilio clericorum vel clerici ipsi, sede vacante, cum consilio, si oportuerit, vicinorum episcoporum, hereticos judicaverint, pari vinculo perpetui anathematis innodamus. Receptatores etiam et defensores eorum cunctosque pariter qui ipsis hereticis ad fovendam in eis heresis pravitatem, patrocinium prestiterint aliquod, vel favorem, quibuscumque supersticiosis nominibus fuerint nuncupati, simili decernimus sentenlie subjacere. Quia vero, peccatis exigentibus, quandoque contingit ut ecclesiastice severitas discipline ab his qui virtutem ejus non intelligunt contempnant, presenti nichilominus ordinatione sanccimus ut quicunque manifeste fuerit qualibet heretica pravitate deprehensus, si clericus est vel cujuslibet religionis obumbratione fucatus, tocius ecclesiasti[ci] ordinis prerogativa nudetur et omni pariter officio et beneficio ecclesiastico spoliatus, secularis relinquatur arbitrio potestatis, animadversione debita puniendus, nisi continuo post deprehensionem erroris ad fidei catholice veritatem sponte recurrere et errorem suum ad arbitrium episcopi regionis publice consenserit abjurare et satisfactionem congruam exhibere.

Laicus autem quem in aliqua predictarum pestium notoria vel probata culpa resperserit, nisi, prout dictum, abjurata heresi et satisfactione exhibita, confestim ad fidem confugerit ortodoxam, secularis judicis arbitrio relinquatur, debitam recepturus pro qualitate facinoris ultionem. Qui vero inventi fuerint sola ecclesie suspicione notabiles, nisi ad arbitrium episcopi juxta considerationem suspicionis qualitatemque persone propriam innocentiam congrua purgatione monstraverunt, simili sentenlie subjacebunt. Illos autem qui post abjurationem erroris, vel postquam se, ut diximus, antistitis examinatione purgaverint, deprehensi fuerint in abjuratam heresim recidisse, seculari judicio sine ulla penitus audientia decernimus relinquendos bonis damnatorum clericorum ecclesiis, quibus deserviebant, secundum sanctiones legitimas applicandis, sane predictam excommunicationis sententiam, cui omnes precipimus hereticos subjacere, ab omnibus archiepiscopis et episcopis in precipuis festivitatibus et quotiens sollempnes habuerint qualibet occasione conventus ad gloriam Dei et repressionem heretice pravitatis decernimus innovari, a[u]ctoritate (1) apostolica statuentes ut si quis de ordine episcoporum negligens in his fuerit vel desidiosus inventus, per triennale spacium ab episcopali habeatur dignitate et amministratione suspensus. Adicientes quoque decernimus ut quilibet archiepiscopus vel episcopus per archidiaconum suum aut per alias honestas idoneasque personas, bis vel semel in anno propriam parrochiam in qua fama fuerit hereticos habitare, circueat, et ibi tres vel plures boni testimonii viros, vel etiam, si expedire videbitur, totam viciniam jurare compellat quod si quos hereticos ibidem sciverint vel aliquos occulta conventicula celebrantes, seu a communium conversatione fidelium vita et moribus dissidentes, eos episcopo vel archidiacono studeant indicare. Episcopus autem vel archidiaconus ad presentiam suam convocet (2) accusatos, qui nisi se ad arbitrium eorum juxta patrie consuetudinem ab objecto reatu purgaverint, vel si post purgationem exhibitam, in pristinam fuerint relapsi perfidiam, episcoporum judicio puniatur. Si qui vero ex eis jurationem tanquam omnino damp-

(1) *Cart.* : actoritate.
(2) *Cart.* : convocer.

nabilem respuendam pertinaciter asseruerint, ex hoc ipso heretici judicentur et penis que prenominate sunt, percellantur.

Statuimus insuper ut comites, barones, rectores et consules civitatum et aliorum locorum juxta commonitionem archiepiscoporum et (e)piscoporum, prestito corporaliter juramento, promittant quod in omnibus supradictis fideliter et efficaciter, cum ab eis exinde fuerint requisiti, ecclesiam contra hereticos et eorum complices adjuvabunt et studebunt bona fide juxta officium et posse suum eccclesiastica statuta, circa ea que diximus, executioni mandare. Si qui vero id observare noluerint, honore quem obtinent spolientur, et ad alios nullatenus assumantur, nichilominus excommunicatione ligandi et terre ipsorum interdicti sententie supponantur. Civitas autem que his decretalibus institutis duxerit resistendum, vel contra commonitionem episcopi punire neglexerit resistentes, aliarum careat commertio civitatum et episcopali se noverit dignitate privandam. Omnes etiam fautores hereticorum, tanquam perpetua infamia condempnatos, ab advocatione et testimonio et aliis publicis officiis decernimus repellendos. Si qui vero fuerint qui a lege diocesane jurisdictionis exempti, soli subjaceat apostolice sedis potestati, nichilominus in his que superius contra hereticos sunt instituta, archiepiscoporum vel episcoporum judicium subeant et eis in hac parte, tamquam a Sede Apostolica delegatis, non obstantibus libertatis sue privilegiis, obsequantur.

Preterea quoniam advocati ecclesiarum in tantam noscuntur insolentiam prorupisse ut sacerdotes et alios clericos pro sue voluntatis arbitrio in ecclesiis ipsis instituant atque destituant et jus advocatie, donationis vel exemptionis titulo aliisque pro sua voluntate contractibus, in alios transferre presumant, fodrum, albergarias, rogium et similia, tamquam a propriis rusticis ab ipsis rusticis extorquentes, et quod ministri ecclesiarum eis inconsultis faciunt juxta proprium arbitrium in irritum deducentes, presenti decreto subnectimus (1) et apostolica auctoritate firmamus eos, sive advocati, sive patroni vel vicedomini, sive custodes vel guardias habentes, seu alio quolibet nomine censeantur, a predictorum gravaminum importunitate cessare nichilque in ecclesiis in quibus sibi aliquam de predictis vendicant potestatem, preter antiquos et moderatos redditus, a laicorum episcopis institutos exigere, aut si aliter egerint, excommunicationis sententie subjacere. Contractus etiam quos de alienatione advocatie, seu patronus, vel fecerunt hactenus, vel facere in futuro presumpserint, presenti constitutione cassamus et eos vim aliquam decernimus non habere. Ne autem per appellationis obstaculum aut in his que de hereticis dicta sunt aut in advocatorum coercione quam diximus presentium deludatur auctoritas decretorum, totius appellationis remedium in prescriptis capitulis denegamus, nullam penitus audientiam quibuslibet contra hec appellantibus prebituri. Tu ergo circa observanda que dicta sunt et statuta, sic te sollicitum zelo catholice veritatis exhibeas quod pro tui laboris instantia premium digne retributionis adquiras.

Datum Verone quarto nonas martii.

Transcrit : BIBL. NAT , *Moreau*, t. LXXXVI, folio 65

Indiqué : JAFFÉ, t. II. n° 15377. — Cf. LECESNE, *Histoire d'Arras*, p. 101.

(1) *Cart.* : Subnectimmus.

8

70

1186. — Pierre, évêque d'Arras, en exécution d'une transaction, donne au Chapitre les autels de Sailly et d'Hannescamp, à charge d'un obit anniversaire. Il conserve en outre le droit d'user, comme il le voudra, du vivier des Bronnes, sans toutefois pouvoir modifier le cours des eaux qui alimentent le moulin.

In nomine Patris et Filii et Spiritus Sancti. Amen. P[etrus], Dei gratia Atrebatensis epis-copus, R[ogerus] prepositus, P[etrus] decanus, cum universo Atrebatensis ecclesie capitulo.....
Notum sit igitur tam presentibus quam futuris quod cum inter nos super quibusdam viariis in vivario de Bronez positis, que publico Vier dicuntur vocabulo, questio moveretur ; ne infomitem discordie vel occasionem haberemus, quod absit, litigandi, qui inhabitare debemus unius moris in domo Domini, in viros prudentes honestasque maturitatis personas, R. scilicet Ostrevan-densem archidiaconum, S. abbatem Aquicitensem, S. magistrum scolarum et magistrum N., de communi consensu commisimus, quorum sinceritati et prudentie, tam prefate questionis d ecisionem, quam super limitationibus parrochiarum de Beveri et de Richesborc, tempore predecessoris nostri, bone memorie Frumaldi, ventilabatur, commisimus. Illi igitur, prudentium virorum freti consilio, tum per veritatis inquisitionem, tum per amicabilem compositionem, illo cooperante cujus in pace locus est, utramque questionem ad pacis et concordie limitem reduxerunt, in prefato vivario liberam assignantes faciendi quicquid episcopo placuerit facul-tatem, dum tam[en] inde nullum cursui aque impedimentum, nullum molendino detrimentum inferatur. De terminis vero parrochiarum quicquid vivente pie recordationis F. litigiosum fuerat, lite per amorem sopita a canonicis (1) episcopo amicabiliter concessum est, et cum parrochia de Beveri perhenni stabilitate confirmatum.

Ego vero, P. episcopus, tantam recompensare benevolentiam (2) non renuens, ob annuam anniversarii mei celebrationem et predecessorum meorum episcoporum memoriam, duo altaria, de Silli scilicet et de Hanencamp, capitulo Beate Marie imperpetuum personatum (3) contradidi, ita ut cum decedentibus usufructuariis ad corporalem ecclesie possessionem predicta altaria perfecte pervenerint ad distributionem canonicis faciendam in sollemnitate Thome Cantuariensis, que amodo in duplices sollemnitates a nobis celebranda constituitur, de prefatorum fructibus altarium XXX. solidi annuatim sequestrentur, quorum me, donec fructus in integrum ad ecclesiam redierint, et mensam episcopalem post me debitorem constituo. Revolutis autem ad ecclesiam fructibus de altaribus ipsis, predicta fiet cum anniversarii mei observatione annuatim distributio. Hanc igitur transactionem *etc.*

Signum Petri episcopi. Signum R. archidiaconi; Signum R. prepositi. Signum P. decani (4).

(1) *Cart.* : Cononicis.
(2) *Cart.* : Benivolentiam.
(3) *Cart.* : Personarum.
(4) D'après le *Gallia*, le doyen Pierre de Bapaume aurait cessé ses fonctions en 1181 et, en 1186, le doyen du chapitre d'Arras portait le nom de Jean. — Pierre de Bapaume reprit-il dans le courant de cette année les fonctions décanales ou bien y eut-il un autre doyen de l'initiale P. dans la même année, c'est ce qu'il nous est impossible de préciser.

Signum B., cantoris. Signum Galteri. Signum Gerardi, presbiterorum. Signum Nicholai. Signum Henrici, diaconorum. Signum Galteri. Signum Johannis, subdiaco[no]rum (1).

Datum per manum (2) Sigeri, magistri scolaris, anno Incarnationis Domini millesimo centesimo LXXXº. VIº.

Indiqué : GAL CHRIST., t. III, p. 355.

71

Folio 27, recto.

1186, *23 avril.* — **Hugues d'Oisy notifie la résignation faite à son profit par Hugues d'Hamelincourt de tout ce que celui-ci tenait de lui en fief à Boyelle et la donation qu'il en a faite au Chapitre d'Arras.**

Ego Hugo de Oisiaco (3), Cameracensis castellanus, notum facio tam futuris quam presentibus quod Hugo de Hamelaincort, quicquid tenebat de me in districto de Boele in feodum, in manu mea resignavit. Ego autem et Margareta uxor mea, cum essemus absque liberis, hoc ipsum totum Beate Marie Atrebatensis ecclesie et canonicis ibidem Deo servientibus, libere et absolute in alodium perpetuo possidendum concessimus. Quod ut ratum *etc...* testibus idoneis coram positis, hoc ipsum audientibus et videntibus Hugone de Hamelaincort, Alardo de Salci, Alardo de Paluel, Valtero Brusier, Stephano de Hicort, Hugone Bochart, Roberto de Bitunia filio advocati, Conone fratre ejus, Johanne de Auci, Waltero et Hellebaldo capellanis, Henrico Pincerna de Atrebato, Gualcero Clerico Hugone de Essesse, Hugone de Teruannia, Hugone Foret, Gilleberto Preposito, Nicholao Bonemer.

Data Oisiaci nono kalendas maii, anno Incarnationis Dominice Mº. Cº. LXXXº VIº.

72

Folio 25, verso.

1186, *juillet.* — **Le chapitre d'Arras accorde aux lépreux de Beaurains le droit d'avoir dans leur enclos un cimetière et une chapelle desservie par un chapelain nommé par lui.**

Prepositus, J[ohannes] decanus, cum universo Atrebatensis ecclesie capitulo *etc.....* Universitati vestre presenti scripto declaramus quod leprosis de Belloramo qui eundo ad ecclesiam nostram de Belloramo, nimis remotam, et redeundo, plurimum laborabant, et cum sanis ibi divina officia audiebant, intuitu pietatis concessimus in quadam capella quam infra septa sua habebant, proprium deinceps habere, cum cimiterio, capellanum. Institutionem autem ejusdem capellani nobis specialiter retinemus. Verumtamen ibi, neque campanas, neque signa aliqua habebunt, quibus possint aliquos ad divina officia convocare. In cimiterio

(1) *Cart.* : subdiacorum.
(2) *Cart. :* per manus.
(3) Sur Hugues d'Oisy, voir A. DE CARDEVACQUE, *Oisy et ses seigneurs*, p. 67 et suivantes.

autem soli leprosi et eorum conversi, et nulli alii, poterunt sepeliri, et quicquid in morte leprosorum seu conversorum, seu in primo ipsorum adventu, ad domum illam ibi oblatum fuerit seu collatum, predictorum accedet usibus leprosorum. Ministri vero ipsorum, conducticii et ancille a nostra parrochiali ecclesia de Belloramo obsequia sue christianitatis accipient et presbitero ejusdem parrochialis ecclesie oblationes et obventiones debitas exhibebunt, et christianam ibidem, cum decesserint, accipient sepulturam. Verum si propria habuerint animalia, nullam decimam nobis exsolvent, sed de alienis exsolvere decimas tenebuntur.

Ut igitur concessio ista rata permaneat et illesa ipsam in cirographum redigi et sigilli nostri fecimus impressione muniri. Actum anno Verbi Incarnati M°. C°. LXXX. VI°. mense Julio.

Indiqué: GALLIA CHRIST., III, 364. — Cf. FANIEN, *op. cit.*, p. 162. Cet auteur place à tort cet acte après 1188, époque à laquelle il fait succéder le prévôt Jean au prévôt Roger.

73

Folio 31, verso.

(1176-1188). — **Le prévôt Roger, le doyen et le chapitre d'Arras notifient qu'ils ont racheté la redevance de 12 mencauds de froment que le maire de Fresnicourt recevait pour conduire les dîmes d'Estrée-Cauchy et de Gauchin à la grange de Fresnicourt.**

Ego Rogerus prepositus, decanus cum toto Atrebatensis ecclesie capitulo, notum esse volumus universis ecclesie nostre canonicis tam futuris quam presentibus, quod cum major noster de Fresincort de nobis teneret in feodum ut decimas nostras de Streins et de Gauchin, ipse, suo labore et expensa, in horreum nostrum apud Fresincort adduceret, et inde XII. mancoldos frumenti ad mensuram de Husdain, quale ex ipsa decima provenit, singulis messibus, in fructum sui laboris perciperet. Hos XII. mancaldos venales exposuit, ita ut ipsos emptori cuicumque imperpetuum resignaret et nichilominus prefatas decimas ad supradictum locum singulis annis ipse adduceret. Quos duodecim mancoldos, observata conditione predicta, coemptione XIII. marcarum in ecclesiam nostram contulimus ; quibus receptis, ipse major et uxor sua eosdem mancoldos ecclesie nostre imperpetuum werpivit et se predictam conventionem observaturum spopondit, et quicquid de nostra ecclesia tenet in observationis sue fidejussionem concessit.

Prediclarum autem tredecim marcarum duodecim marcas dominus Galterus de Bapalmes, noster concanonicus, toto capitulo nostro consentiente, sed et postulante, de suo proprio persolvit, sub hoc conditionis tenore ut, ex ipsis XII. marcis, duo in obitu patris sui (1), sicut in kalendario notatum est, duo in obitu matris sue, duo in obitu patris patrui sui, decani videlicet de Bapalmes, duo in obitu matris ejusdem, canonicis distribuantur ; reliqui vero quatuor in obitu patrui sui. Ipse vero G., super domum suam, XII. marcas, post mortem suam, nobis assignavit. De quibus redditus nobis comparavimus. Medietas distribuetur in obitu predicti G. et quarta pars pauperibus erogabitur; residuum vero clericis de choro impendetur.

Que omnia, communi voluntate totius capituli nostri facta, ne memorie subducantur, *etc.*

(1) On lit par-dessus, à l'encre rouge : *,XIII. 'kl. novembris.*

74

Folio 33, recto.

(1184-1188). — **Les mêmes notifient que Rasendis a acheté une maison, dont à sa mort le terrain servira à agrandir l'âtre de la cathédrale (1).**

R., prepositus, J., decanus, cum universo Atrebatensis ecclesie capitulo, omnibus notum fieri volumus, tam presentibus quam futuris, quod domina Rasendis emit domum tali conditione, quod quamdiu viveret, in ea mansionem haberet. Si vero predicta R. aliquando habitum religionis indueret vel quocumque alio modo statum vite sue mutaret, cuicumque (2) velle[t] mansionem in eadem domo in vita sua assignaret. De superedificato autem ad libitum suum ei facere liceret et post decessum ejus terra super quam domus fundata est, in amplia-tionem atrii devolvetur. Et ut hoc certum habeatur *etc.....*

Signum Balduini, cantoris. Signum Gerardi ; S. Ogeri ; Signum Alemberti ; S. Philippi, presbiterorum. S. Guidoni[s] (2) Parisiensis ; Signum Hugo[nis] (2) Vituli ; S. N. Insulensis ; signum Henrici Noradin ; signum Martini ; signum Walteri Maraduc, diaconorum. S. Amalrici. S. Roberti Duacensis ; S. Petri de Watua ; S. Ermenfridi ; S. Johannis ; S. Symon[is] (2) Alemberti ; S. Johannis Huberti ; S. Walteri Comitis, subdiaconorum (2).

75

Folio 62, recto.

1188. — **Philippe, comte de Flandre, abandonne à l'évêque d'Arras les droits qu'il avait dans la Cité, en se réservant, sa vie durant, certains droits sur l'Estrée, et, en outre, avec clause résolutoire.**

In nomine Sancte et individue Trinitatis, amen.

Ego Philippus, Flandrie et Viromandie comes, presenti scripto notifico presentibus et futuris, me dedisse et in perpetuam elemosinam concessisse, pro redemptione anime mee et karissime uxoris mee Mathildis regine, Deo et ecclesie cathedrali Beate Marie Attrebatensis, in manu Petri ejusdem episcopi, quicquid habebam Attrebati in districto episcopi, michi tamen de assensu ejusdem episcopi retinens in vita mea, in parte districti qui dicitur Strata, exercitum, cavalcheiam, talliam, altam justitiam, portam et calceiam in porta. Que tamen omnia post decessum meum vel infra decessum meum, si ea relinquere voluero, in manum et in jus Attrebatensis episcopi revertentur, ab ipso episcopo quiete et libere perpetuo possidenda. Quod si prolem de femore meo et de legitima uxore suscepero et ipsa proles vel ego in vita mea, tam supradicta que modo teneo, quam omnia alia que habet episcopus a porta Strate usque ad Pontenardum, nobis retinere voluerimus, villam que dicitur Vitreium, vel villam que dicitur

(1) Cette charte porte la rubrique : *De domo Walteri de Bapalmes a Rasende vidua comparata.*

(2) *Cart.* : Quicumque, Guidoni, Hugo, Symon, comes, subdiaconorum.

Fanpous, cum omnibus appenditiis et pertinentiis suis, episcopo Attrebatensi in concambium dabimus, cum omni libertate et quiete perpetuo possidendam.

Pro hac autem elemosina sive concambio, cum factum fuerit, anniversarii dies obitus mei et memorate uxoris mee M. et Elizabeth quondam uxoris mee, in eadem ecclesia Beate Marie Attrebatensis suis temporibus perpetuo celebrabuntur. Preterea nec michi licebit homines episcopi in districto ejus manentes infra districtum meum ad inhabitandum, sine ejus licentia, recipere, nec episcopo homines meos modo simili, nisi de assensu meo, retinere licebit.

Hec omnia a me concessa benigne approbavit pariter et concessit jam dicta uxor mea M. et scripto exinde facto cum meo sigillo suum fecit sigillum apponi, subscriptis testium nominibus qui concessioni isti fuere presentes. Signum S. abbatis Acquicinensis. Signum J. abbatis Hanoniensis. Signum J. abbatis de Monte S^{ti} Eligii. Signum W. abbatis Aroasiensis. Signum G. abbatis Funiacensis. Signum J. archidiaconi. Signum B. cantoris. Signum S. magistri. Signum B. prepositi Insulensis. Signum G. prepositi Brugensis. Signum J. prepositi Duacensis. Signum G. castellani Attrebatensis. Signum G. de Aria. Signum B. de Robais. Actum anno Dominice Incarnationis M°. C°. LXXX°. VIII° feliciter. Amen.

. Cf. GALLIA CHRISTIANA, n. éd., t. III, instrum , col. 80.

76

Folio 34, recto.

1189. — Le prévôt Jean, le doyen Jean et le chapitre d'Arras notifient que le chanoine Gautier Maraduc, teneur de l'ancien cens de Basseux et de la forêt dudit village, peut renoncer à l'un, tout en conservant l'autre, à chaque période de neuf ans.

Ego Johannes prepositus, Johannes decanus, cum toto Atrebatensis ecclesie capitulo,.... notum esse volumus quod cum Walterus Maraduc, noster canonicus, antiquum censum ville de Basseus secundum nostri capituli consuetudinem teneret, ipse silvuam ejusdem ville sub annuo censu XL.VIII.° mencaldorum, ad rationem prebende, medietatis frumenti et medietatis avene, sub hac conditione suscepit, quod videlicet a novem annis in novem eandem pro libito suo vel teneret, vel resignaret etc... Novalia vero omnia de ipsa silva ab anno Domini millesimo. centesimo LX° VI.°, facta vel deinceps facienda, ad rationem silve predictam, ad eum spectabunt, quoniam ad utilitatem ecclesie et suam, nullo respectu pecunie habito in detrimentum ecclesie incultam producere terram, eidem silvam concessimus. Quoniam vero census iste ad antiquum predicte ville censum non pertinet, alterum sine altero tam tenere Galtero licebit quam resignare. Si vero predictum ville censum Galterus reliquerit, in optione capituli erit vel sex libras, vel carrucam cum quatuor equis suis et duas vaccas ab eo repetere.

Actum anno Domini millesimo centesimo LXXX° IX°. et recognitum in capitulo nostro et scripto emendatum.

Indiqué au *Gallia christiana*, t. III, p. 355.

77

Folio 38, recto.

1191, *30 juin*. — Les mêmes notifient qu'Ours Huqnedieu leur a remis la somme de 120 marcs, à prendre sur la dîme de Gauvin de la Couture, pour fonder une chapellenie dans la cathédrale.

J[ohannes] prepositus, J[ohannes] decanus et universum Atrebatensis (1) ecclesie capitulum *etc*..... Quoniam rerum temporalium momentanea successio *etc*..... Notum ergo fieri volumus presentibus et futuris quod Ursio Hukedeu C. XX. marcas communis solutionis super portionem decime que ad Gosvinum de Cultura ibidem pertinere dinoscitur, sub obligatione vadimonii, ad instituendam capellaniam, anno Domini M°. C°. XC°. I°. commodavit, tali interposita conditione quod usque post tercium annum non poterit redimi. Si vero post tres annos, infra octavas Pentecostes redempta non fuerit, fructus subsequentis anni in jus cedent capellani, et sic fiet annuatim, donec infra terminum prefixum Pentecostes plenarie pecunia soluta fuerit. Hanc autem decimam Johannes, ipsius Ursionis capellanus, quoad vixerit, quamdiu non fuerit redempta, suique in capellania successores, libere cum integritate fructuum possidebit. Si vero, processu temporum. predictam decimam a prefato G. vel ab ejus herede secundum formam prefixam redimi contigerit, prenominata summa pecunie, per manus prepositi, decani, cantoris, qui tunc temporis erunt capellani, quicunque capellaniam tenuerit, Anastasie uxoris jam dicti Ursi, si superfuerit, et duorum propinquorum eidem Urso heredum, integre conservabitur, et de communi istorum assensu et consilio, in alium redditum, sive nomine pignoris, seu titulo emptionis, transferetur, qui in capellam in ecclesia Beate Marie perpetuo servituri sustentationem deveniet, nec in alios usus predicta summa argenti poterit devenire. Ut autem predictorum ordinatio rata *etc*... Actum anno Dominice Incarnationis millesimo centesimo nonagesimo primo, pridie kalendas Julii.

78

Folios 34, verso, et 39, verso.

1193, *juin*. — Pierre, évêque d'Arras, notifie que le chapitre d'Arras lui a précédemment concédé, ainsi qu'à ses successeurs, le moulin de Bronnes, moyennant le paiement d'un cens annuel de six muids de froment et d'une livre de cire.

P[etrus], divina patientia Atrebatensis ecclesie minister humilis.... Noverit universitas vestra quod dilecti nostri Rogerus, quondam prepositus, et Petrus, quondam decanus, et universum nostre Atrebatensis ecclesie capitulum, consideratione proprie utilitatis et pacis, nobis et successoribus nostris Atrebatensibus episcopis, de communi assensu assignaverunt molendinum de Brones in omni eo jure quo illud tenebant, salvo jure prepositi et prepositure, sub perpetuo censu sex modiorum frumenti ad mensuram et rationem prebende annuatim

(1) *Cart.* : Atrebatensem.

solvendorum et una magna libra cere singulis annis in festo Omnium Sanctorum. Verum, si nos vel aliquis successorum nostrorum, fructus aliquos predicto censu equivalentes eidem capitulo assignaremus, nobis a predicte pensionis annue solutione penitus absolutis fructus illos absque omni contradictione recipere tenerentur, sicut in ipsorum scripto autentico, quod super hoc nobis fecerunt et sigillo ecclesie munierunt, plenius continetur. Sciatis autem quod litere nostre presentes, non in tempore R. prepositi et P. decani, sub quibus conventiones prefate facte fuerunt et litere etiam quas nobis inde fecerunt, sed postea a nobis fuerunt confecte. Datum anno Incarnationis Dominice millesimo centesimo no [nage] simo (1) tercio, mense Junio.

79

Folio 39. verso.

(1193-1194) (2). — **Pierre, évêque d'Arras, retenu par la fièvre quarte à Marœuil, y bénit le nouvel abbé d'Hénin-Liétard et délivre à ce sujet des lettres de non-préjudice au chapitre d'Arras.**

P[etrus], divina patientia Atrebatensis ecclesie minister humilis, omnibus quibus literas istas videre contigerit, salutem in Domino. Noverit universitas vestra quod cum apud Mareolum quartane febris debilitate detenti, pro benedicendo Hinniacensi electo non possemus Atrebati (3) laborare, ipsum, absque prejudicio juris et approbate consuetudinis ecclesie nostre, in memorata villa ordinavimus in abbatem.

80

Folio 60, recto.

1194, *novembre*. — **Le roi de France Philippe-Auguste mande aux baillis d'Arras qu'il a donné à l'évêque d'Arras Vitry et ses dépendances, en échange de l'Estrée d'Arras.**

Philippus, Dei gratia Francorum rex, bajulis Attrebatensibus, salutem. Noveritis quod nos amico et fideli nostro episcopo Atrebatensi donavimus, in cambium Strate Attrebati, Vitriacum cum suis appendiciis. Unde mandantes vobis precipimus quatinus eum in corporalem possessionem ejusdem ville introducatis et hominibus ex parte nostra precipiatis ut ipsum de cetero dominum habeant et recognoscant, et pro ipso tantum faciant quantum pro nobis facere solebant. Volumus etiam et precipimus ut censum illius ville a festo Sancti Johannis usque in crastinum festi Symonis et Jude retineatis et residuum ei reddatis secundum rationem temporis.

Actum Parisius, anno Incarnationis Dominice M°. C°. XC°. IIII°., mense novembri.

Transcrit : BIB. NAT.. *Moreau*, t. XCV. p. 168 (Copie de D. Quinsert).
Indiqué : L. DELISLE, *Cat. des actes de Philippe-Auguste*, n° 430.

(1) *Cart.* : No...simo.
(2) Le *Gallia* place la bénédiction de l'abbé Simon en l'une de ces deux années (t. III, p. 489).
(3) *Cart.* : Atrebattensi.

81

Folio 61, recto.

1194-1195. — Philippe-Auguste notifie l'accord intervenu jadis entre le comte de Flandre et l'évêque d'Arras au sujet de l'Estrée d'Arras. Le Roi a échangé ladite Estrée contre Vitry.

In nomine sancte et individue Trinitatis. Amen. Philippus, Dei gratia Francorum rex. Noverint universi presentes pariter et futuri, quod Philippus, quondam comes Flandrie, dedit et in perpetuam elemosinam concessit Deo et ecclesie cathedrali Beate Marie Atrebatensis, in manu Petri ejusdem ecclesie episcopi, quicquid habebat Attrebati in districto episcopi. Sibi tamen, de assensu ejusdem episcopi retinuit in vita sua, in parte districti que dicitur Strata, exercitum etc... (pene ut supra, nº 74).

Nos vero, ad peticionem utriusque partis, prefatam elemosinam et conventiones benigne concessimus et manucepimus quod eas inconcusse faceremus observari. Istud tamen nobis in hac parte retinuimus quod si forte contingeret terram comitis in nostram manum devenire, nos, de concambio illo faciendo in eodem statu et puncto essemus, si nobis placeret, in quo proles comitis, si ipse comes prolem habuisset de legittima uxore. Si vero concambium, vel a comite, vel a prole sua, vel a nobis factum esset, villa que in concambium daretur, de regali nostro esset, sicut et cetera que de nobis tenet predictus episcopus. Post decessum autem comitis, cum dictus episcopus Stratam jam possideret libere et quiete, sicuti a comite concessum fuerat, placuit nobis quod nos concambium illud faceremus ; et nos illud fecimus cum Petro, tunc temporis Attrebatensis episcopo, et in concambium dedimus et concessimus episcopo Attrebatensi villam que dicitur Vitreium cum omnibus appenditiis et pertinentiis suis libere et quiete perpetuo possidendam, et volumus quod de regali nostro sit, sicuti et cetera quod idem episcopus tenet de nobis.

Quod ut perpetuam obtineat stabilitatem, sigilli nostri auctoritate et regii nominis karactere inferius annotato, presentem paginam precepimus confirmari. Actum Parisius, anno Incarnati Verbi Mº. Cº. nonagesimo IIIIº., regni nostri anno sexto Xº. (1), astantibus in palatio nostro, quorum nomina supposita sunt et signa. Dapifero nullo. Signum Guidonis buticularii. Signum Mathei Camerarii. Signum Oroconis, constabularii. Data (2) vacante cancellaria.

Copié : Bib. nat., *Moreau, Chartes et diplômes*, t. xcxv, folio 198 (Copie de D. Quinsert).

Indiqué : L. Delisle, *Cat. des actes de Philippe-Auguste*, nº 428.

Cf. Gallia christ., t. III, *Instrumenta*, col. 80.

82

Folio 42, verso.

1195, *juin*. — Le même intime l'ordre aux maire, échevins et jurés de la ville d'Arras d'obéir à l'Evêque qui les a excommuniés. De plus ils ne doivent pas empêcher de vendre des vivres aux chanoines.

Philippus, Dei gratia Francorum rex, amicis et fidelibus suis majori et scabinis et juratis

(1) L'acte ci-dessus prend pour point de départ du règne de Philippe-Auguste la date de son sacre à Reims (1er novembre 1179) ; notre date se place entre le 1er novembre 1194 et le 24 avril 1195.

(2 On lit en note : *Auctentica reservantur in custodia*

Atrebatensibus, salutem et dilectionem. Dilectus noster episcopus Atrebatensis, anathematis vinculo vos innodavit et nos vobis mandaveramus quod vos juraretis ut mandato
episcopi staretis, idem vero episcopus, juxta voluntatem nostram, penam excommunicationis
relaxaret. Vos vero, minus prudenti usi consilio, mandato nostro et voluntati regie, que justa
tamen est et rationabilis, obedire contempsistis, canonicis matricis ecclesie vestre emptionem
vini quam in Civitate Atrebati fecerant, interdicentes, malicie addentes maliciam. Porro, levitati
vestre et errori consulere cupientes, utpote qui jura vestra diligimus, iterato mandantes, vobis
precipimus ut mandatum episcopi juretis et nos emendationem super nos accipiemus ; scituri
pro certo quod nisi mandato episcopi obedire volueritis, nos, juri ipsius episcopi et libertati
ecclesie conservande, prout dignum fuerit, deesse non poterimus. Quod contra episcopum
presumpseritis, contra nos presumptum esse sciatis. Inhibemus etiam ne vos canonicis aut
clericis victualium venditionem interdicatis. Si enim, occasione vestri, interdictum in civitate
nostra factum fuerit, nos exinde ad vos non immerito caperemus.

Actum Parisius anno Incarnati Verbi M°. C°. XC°. quinto, mense Junio.

Indiqué : L. DELISLE, *Cat. des actes de Philippe-Auguste*, p. 108, n° 452.

83

Folio 43, recto.

1195, *novembre.* — Le même défend aux maire, échevins et jurés d'Arras de porter aucune
atteinte aux droits de l'évêque ou de la Sainte Eglise.

Philippus, Dei gratia Francorum rex, amicis et fidelibus suis majori, scabinis et juratis
Atrebatensibus, salutem et dilectionem. Noverit universitas vestra quod dilectus noster P.,
venerabilis episcopus Atrebatensis, amore nostri, erga vos ita misericorditer egit, quod non
est prius auditum. Unde plurimum admirari potest universitas fidelium, quod videlicet
aliquis meruerit beneficium absolutionis, non prestita cautione juramenti secundum consuetudinem Sancte Ecclesie. Quod cum idem episcopus pro nobis fecerit, vobis mandamus et districte
inhibemus ne contra jus ipsius, sive de districto suo, sive de aliquo ad ipsum pertinente, neque
contra Sanctam Ecclesiam de cetero intercipere presumatis, quia nos nullo modo sustineremus
quin interceptionem emendaretis, sicut alii christiani, quoniam de interceptionibus contra
Sanctam Ecclesiam sive districtum episcopi faciendis nullam vobis dedimus potestatem.

Actum Vernone, [anno] ab Incarnatione Domini millesimo C°. XC°. quinto, mense Novembri.

Indiqué: L. DELISLE, *Cat. des actes de Philippe-Auguste*, n° 461, p. 109.

84

Folio 29, recto.

S. D. (1196) (1). — Riquier, abbé de St-Riquier, mande à l'évêque et au chapitre d'Arras
que chaque année on célébrera dans son église un service pour les évêques et chanoines
d'Arras défunts et que les vivants seront toujours reçus avec honneur dans l'abbaye.

Domino suo et patri sanctissimo P[etro], Dei gratia venerabili Atrebatensi episcopo et

(1) *Gallia christ.*, t. x, p. 1255, col. 2. « Societatem iniit (Richarius III) cum capitulo Atrebatensi. anno
11.6. »

speciali, atque universali ejusdemque capitulo, frater Richarius, ejusdem Dei patientia minister indignus Sancti Richarii in Pontivo, cum humili conventu suo, salutem imperpetuum. Omnes nos in vinculo caritatis unum esse debemus *etc...* Statutum est ergo ex parte nostra annuum et sollemne in ecclesia nostra fieri anniversarium III°. nonas Julii pro universis episcopis et canonicis vestris qui ex hoc seculo transierunt vel qui deinceps de hac vita migrabunt, subsequente fratrum et pauperum refectione (1) viginti solidorum in memoriale sempiternum ; et, cum aliquis vestrum obierit et ad nos breve allatum fuerit, pulsatis campanis, debitum pro quolibet spiritaliter a nobis celebrabitur officium. Quotiens autem ad domos nostras superveneritis, cum omni humanitate et honore, tanquam domini et fratres nostri, vobis necessaria, nobis vel nostris providentibus, libenter et efficaciter suscipiamini. Valete imperpetuum fraternitas vestra.

85

Folio 60, verso.

1197, *août*. — Elisende et Florent de Hangest, son fils, donnent, du consentement de leurs parents, à l'Église d'Arras, une rente de trois muids de froment, à charge d'un obit anniversaire pour le repos de l'âme de Jean de Hangest, leur fils et frère.

Elisendis et Florentius filius suus de Hangest, omnibus quibus presentem paginam videre contigerit, salutem in Domino. Notum sit tam presentibus quam futuris, quod nos, pro anima dilecti filii mei Johannis, in ecclesia Beate Marie Attrebatensis honorifice sepulti, contulimus capitulo ejusdem ecclesie in perpetuum tres modios frumenti ad mensuram de Roia, singulis annis ibidem in festo S[ti] Remigii accipiendos pro aniversario ipsius Johannis annuatim sollempniter celebrando ; hoc concedente filio meo Florentio per advocatum, volentibus et approbantibus, et etiam facientibus, amicis et consanguineis filii mei, scilicet Auberto de Hangest, Petro de Triecoc, Radulpho de Roia, Matheo de la Tornele, Gerardo de Eilli, Odardo, qui hanc elemosinam super majus altare in predicta ecclesia obtulerunt. Adjecimus etiam quod si nuntius sepedicte ecclesie frumentum recepturus ad locum determinatum accesserit et preparatum non inveniens ultra prefixum terminum S[ti] Remigii ibidem expectans, moram fecerit, quamdiu hac occasione morabitur heres de Hangest, ei providere tenebitur in expensis. Ut autem elemosina ista rata et inconcussa permaneat, presentem paginam sigilli mei et amicorum filii mei, qui predictam elemosinam, sicut predictum est, super majus altare Attrebatensis ecclesie obtulerunt, appensione roboravi.

Actum anno Dominice Incarnationis millesimo. centesimo. nonagesimo. septimo, mense Augusto (2).

(1) *Cart.* : refectionem.

(2) Cette charte permet de compléter la généalogie de la maison de Hangest donnée par La Chesnaye t. vii, p. 632', et de rectifier celle du Père Anselme (*Grands officiers de la Couronne*, t. vi, p. 738). Ce dernier donne Elisende comme femme à Jean I de Hangest, vivant en 1190, tandis qu'il résulte de notre charte que celle-ci était sa mère, qu'elle le perdit en 1197, ou l'année d'avant, et qu'il ne lui restait plus qu'un seul fils, Florent. De plus, Aubert de Hangest était cousin, *consanguineus*, de Florent de Hangest, et non son fils, ainsi que l'indique le généalogiste précité (*Ib.*. p. 743).

86

Folio 32, verso.

1198. — Pierre, évêque d'Arras, notifie qu'Ours de Berles, chevalier, et Jean de Beau-camps, son frère, ont engagé par-devant lui la dîme de la Houssoye, pour 80 marcs, au profit de l'Église d'Arras.

P. divina patientia Atrebatensis minister humilis, *etc.* Noverit universitas vestra quod in presentia nostra constituti, Ursio, miles de Berla et Johannes frater ejus de Bellocampo, recognoverunt se totam decimam de la Hochoie, qui illos jure hereditario contingebat, ecclesie nostre Atrebatensi, octoginta marcis, nomine pignoris, obligasse, Roberto de Bailluel, domino ejusdem Ursionis, hanc obligationem approbante, hominibus etiam ipsius Roberti paribus, videlicet predicti Ursionis, coram nobis judicantibus quod ecclesia nostra in prefatam decimam legitime poterat intrare ; que in festo Sancti Remigii redimi poterit annuatim.

Hanc obligationem approbamus, et, ad majorem securitatem, sigilli nostri munimine roboramus, subscriptis eorum nominibus qui predicte recognitioni fuere presentes, quorum nomina sunt hec : Aimaricus prepositus, Wallerus Comes et magister Bartholomeus, canonici nostri. Actum anno Dominice Incarnationis millesimo centesimo nonagesimo (1) octavo.

87

Folio 43, verso

1198, *mars*. — J., châtelain de Lille, notifie que le chevalier W., d'Arras, a donné au chapitre son four de Baudimont.

Ego J., castellanus Insulensis, omnibus quibus presentes literas·videre contigerit, imperpetuum. Notum facio tam presentibus quam futuris, quod W., miles dictus de Atrebato, concessit ecclesie Atrebatensi furnum suum de Balduinimonte, quem de me tenere dinoscitur, tali interposita pactione, quod mater sua Agnes proventus ejusdem furni, quamdiu vixerit, et post decessum suum per dimidium annum recipiet ; quo elapso, idem W. tenebitur eidem ecclesie, sicuti nunc tenetur, reddere XL marcas (2) communis solutionis. Si vero circa hunc terminum ipsas marcas (2) non reddiderit, ipsa ecclesia predictum furnum ad instaurationem capellanie, pro anima patris sui quiete et libere imperpetuum possidebit. Fidem etiam interposuit quod filium suum infra terminum, hanc conventionem faciet graentare. Hoc autem concessit, ne tanquam domino suo assensum prebente et laudante coram paribus (2) suis, videlicet Ro[gero] de Wavrin, judicantibus quod predicta ecclesia sub tali pacto in eundem furnum legitime poterat intrare, et, ut firmius teneatur, sigilli nostri appensione roboramus. Actum anno Domini millesimo. centesimo. nonagesimo VII°. mense Martio.

(1) *Cart.* : Nanagesimo.
(2) *Cart.* : marca, patribus.

88

Folio 28, verso.

1198, *juillet, Marœuil.* — Pierre, évêque d'Arras, notifie que Guillaume de Béthune ayant été excommunié pour s'être emparé de la dîme de Richebourg, Robert, son père, s'est porté caution en sa faveur et qu'il est tenu par cet engagement.

P[etrus], divina pacientia Atrebatensis ecclesie minister humilis, omnibus ad quos presentis scripti noticia pervenerit, salutem in Domino. Noverit universitas vestra quod cum dominus Betunie, W[illelmus] advocatus Atrebatensis, pro invasione cujusdam decime apud Richeburc rapte, fuisset excommuni[ca]tus, quia ecclesie Atrebatensi super damno et injuria illa satisfacere recusabat, prout pater suus plegiaverat, tandem carta patris sui R[oberti] bone memorie, cum supradictus W. et nostrum Atrebatense capitulum in nostra fuissent presentia constituti, fuit in medium publicata et exposita diligenter. Ex cujus tenore cum satis evidenter innotesceret quod memoratus R. plegiaverat et ad hoc heredem suum obligaverat quod si Robertus de Mauchicort vel aliquis heres ejus ecclesiam de Richeburc super decimis, oblationibus, messis carrucationibus et aliis proventibus ad ecclesiam de Richeburc pertinentibus, ipse et heres suus ecclesie Atrebatensi super hoc responderet et super damnis et injuriis, si ab heredibus de Mauchicort ibidem fierent, capitulo Atrebatensi satisfaceret ; Petro et Eustachio heredibus de Mauchicort cum sepedicto W. domino Bethunie coram nobis presentibus et sententiam super hoc petentibus, videlicet si patres possunt suos heredes imperpetuum obligare, de consilio nostrorum assessorum judicavimus quod pater suus ipsum et quemlibet successorem suum super predicta fidejussione potuit obligare et ipse tenebatur ecclesie Atrebatensi sicut plegius respondere, et heredes de Mauchicort ipsum et heredem suum debebant ab omni damno, quod propter dictam fidejussionem peteretur, imperpetuum liberare. Ne igitur *etc...* Actum apud Mareolum anno Incarnationis Domini millesimo centesimo nonagesimo octavo, mense julio.

89

Folio 30, recto.

1198, *juillet.* — Guillaume II de Béthune s'engage à laisser l'Église d'Arras jouir paisiblement de la dîme de Richebourg et à empêcher les héritiers de Mauchicourt de troubler cette jouissance.

Imprimé : Duchesne, *Hist. généal., de la maison de Béthune,* preuves, p. 79.
Analysé : Wauters, *Table chronol. des diplômes imprimés,* t. III, p. 97.

90

Folio 33, verso.

1198. — Le prévôt Amaury, le doyen Jean et le chapitre d'Arras afferment à Asson Le Cambier, pour quinze ans, leurs terres sises à Wanquetin, moyennant un cens annuel de 18 livres.

A[malricus] prepositus, J[ohannes] decanus, cum universo Atrebatensis ecclesie capitulo *etc...* Noverit universitas vestra quod nos concessimus Assoni Cambario usque ad quindecim annos sub annuo censu decem et octo librarum et unius magne libre cere, omnes terras vestras de Wanketin et quicquid habemus in territorio ejusdem ville, preter agnos et lanas et alias animalium minutas decimas ad ipsum altare pertinentes ; hoc etiam adjuncto quod ipse Asso totam dictam terram infra predictum terminum fodere vel stercorare, vel marlare [tenebitur], preter unum campum qui est in via de Autevile, qui appelatur li Callois. Ceram vero infra festum beati Andree, lege capituli nostri et pecuniam dictam in tribus terminis, scilicet infra festivitatem Omnium Sanctorum, sex libras, infra Purificationem beate Marie, sex libras, infra Pascha, sex libras, cujus assignaverimus, persolvet.

Actum anno Verbi Incarnati millesimo. centesimo. nonagesimo octavo.

<h1 style="text-align:center">91</h1>

Folio 29, verso.

1199, *juin.* — Le doyen Hugues et le chapitre de l'église de Péronne notifient la cession par eux faite à l'église d'Arras d'un vavasseur et de leurs droits sur l'église de Boyelle, moyennant une rente annuelle de 20 sous.

Hugo decanus et universum capitulum Peronensis ecclesie, universis Christi fidelibus quibus scriptum videre contigerit, imperpetuum. Presentium auctoritate notum fieri volumus universis quod vavassorem unum cum hominio, servitio et redditibus et omni jure quod in villa de Boele et ejus territorio habebamus et habere debebamus, ecclesie Atrebatensi sub annua pensione viginti solidorum Peronensis monete contulimus, perpetuo possidendum. Ita quidem quod dictam pensionem Atrebatensis ecclesia per nuntium suum infra festum Sancti Dyonisii singulis annis Peronam tenebitur destinare. Quod si forte vel negligentia. vel quacunque alia occasione facere distulerit, ex eo die quando nobis libuerit in expensis Atrebatensi ecclesie pensionem illam requiremus. Et ut hec conventio, *etc.* Actum anno Dominice Incarnationis millesimo c°. nonagesimo nono, mense junio.

<h1 style="text-align:center">92</h1>

Folios 30 et 33 recto.

1199, *juillet.* — Etienne de Nemours, évêque de Noyon, notifie, en l'approuvant, l'acte qui précède.

Stephanus, Dei gratia Noviomensis episcopus, *etc.* Nos igitur conventionem illam, sicut in Peronensis ecclesie autentico scripto vidimus contineri, laudantes et approbantes, eam presenti scripti testimonio et sigilli nostri duximus patrocinio confirmare (1). Actum anno Incarnationis millesimo. centesimo. nonagesimo nono, mense Julio.

_____

(1) Folio 33 recto. *Variante* : « Presenti scripto et nostri testimonio sigilli communitam confirmamus. »

93

1200. — Le prévôt Amaury, le doyen Jean et le chapitre d'Arras, notifient que la chapellenie fondée par Henri Mulet, bourgeois d'Arras, restera à sa collation, sa vie durant. Après
sa mort le droit de collation appartiendra au chapitre.

A[malricus] prepositus, J. decanus cum universo Attrebatensis ecclesie capitulo etc...
Noverit universitas vestra quod dilecto nostro Henrico Mulet, civi Attrebatensi, donationem
capellanie quam pro anima Lamberti Hukedeu, fratris sui, in ecclesia nostra instituit, quamdiu
vixerit benigne concessimus, ita tamen quod ipsam capellaniam idonee persone tenebitur
assignare. Post mortem vero ipsius Henrici, dicte capellanie donatio ad decanum nostrum et
compresbitero suo, canonico ecclesie nostre, libere revertetur. Illud autem presenti pagine
duximus inserendum quod si decimam ad usus predicte capellanie assignatam redimi contigerit, argentum bone fidei sepedicti Henrici committetur, donec decima vel res alia obliganda
occurrerit, vel emenda, et interim prefatus Henricus memorato capellano in victu et vestitu
competenter tenebitur providere.

Datum anno Dominice Incarnationis M°. CC°.

94

S. D. (1200) (1). — Les mêmes notifient la résignation faite à leur profit de l'autel de
Pommier par l'ancien doyen Elembert.

A. prepositus, J. decanus et universum Atrebatensis (2) ecclesie capitulum etc... notum
fieri volumus tam presentibus quam futuris quod Elembertus, venerabilis quondam decanus
noster, in manus bone memorie domini Andree episcopi nostri, altare suum de Pumiers
resignavit. Idem vero episcopus, ad petitionem ejus, prescriptum altare jure perpetuo possidendum nobis assignavit. De voluntate tamen nostra et assensu ordinationem fructuum
ejusdem altaris idem decanus constituit in hunc modum : singulis annis per successionem
perpetuam, in festo Sancti Martini in novembri, xxv solidi de memoratis fructibus,
scilicet xv. canonicis, v. aliis clericis chori qui matutinis intererunt, v. vero in pane pauperibus, dividentur. Die autem anniversario obitus sui v. solidi canonicis qui vigilie intererunt ;
his autem canonicis qui presentes commendationi aderunt, xv. solidi ; pauperibus in pane v
solidi, singulis annis de eodem distribuentur altari. De residuo vero predictorum fructuum in
singulis vigiliis novem lectionum canonicis qui intererunt, memoratus decanus v. solidos

(1) La date de 1200 doit être assignée à cet acte, car c'est la seule année où l'on trouve un prévôt
d'Arras dont le nom commence par un A. Amalricus, en même temps qu'un doyen avec l'initiale J.,
Johannes III, qui entra en fonctions cette année même (Gallia christiana, t. III, p 355 et 364).

(2) Cart. : Atrebatensem.

constituit dividendos. Ita ut si quid supra assignatam divisionem residuum fuerit, in vigiliis
que sunt inter Pascha et Pentecostem per quinque solidos canonicis dividatur, nec propter
matutinas in hiis distributionibus aliqui partem habeant, nisi hii soli canonici quos ipsarum
vigiliarum obsequiis contigerit esse presentes. Hanc ordinationem nos, de communi assensu,
ratam et acceptam habentes, eam sigilli nostri appositione duximus raborandam.

95

1200. — L'évêque d'Arras Pierre, donne au chapitre une rente de cent sous sur ses
revenus de Vitry, pour célébrer l'obit anniversaire du comte de Flandre, Philippe. D'autres
rentes sont affectées à la célébration de divers autres obits.

P. *etc*... Noverit universitas vestra quod pro faciendo in ecclesia nostra obitu Philippi,
illustris Flandrensis et Viromensis comitis, capitulo nostro de reddilibus ville de Viteri quam
habemus in concambium pro Strata, centum solidos solvi volumus annuatim ; et similiter, pro
obitu Mathildis, uxoris sue, postquam decesserit, dicto capitulo centum alios solidos solvi
volumus ex reddilibus memoratis. Si vero Strata in plena libertate, sicuti prius fuit, ad nos
redierit, ex redditibus Strate solvi statuimus obitus supradictos.

Preterea nosse volumus universos quod unum modium frumenti qui nobis annuatim debetur
apud Postinviler, donamus et concedimus jamdicto capitulo nostro, ut in presentiarum patris et
matris nostre, postquam decesserimus, anniversario die obitus nostri, noster et dictorum
parentum nostrorum obitus insimul in eadem ecclesia celebretur. Actum anno Domini millesimo ducentesimo.

Original scellé : Archives départementales, *Chapitre d'Arras*, série G, carton V.

96

S. D. (V. 1200). — L'abbaye de Marchiennes notifie la donation d'une terre faite par
Gontran de St-Pol à l'église d'Arras et à l'abbaye d'Etrun.

Universis Christi ecclesie fidelibus ad quos litere presentes pervenerint humilis
Marceniensis ecclesie conventus, salutem et dilectionis plenitudinem. Notum sit tam futuris
quam presentibus quod Gotramnus de Sancto Paulo, terram quandam que illis temporibus
solummodo duo cultilia continebat, redemptione anime sue, Beate Marie Atrebatensis ecclesie,
nec non Beate Marie de Strumh, in elemosi[n]am, jure hereditario possidendam, tradiderit.
Elemosina igitur coram omnibus legitime facta, modico post ea suspenso tempore, Hugo de
Scerchin et Hermenfridus filius ejus, monachi scilicet nostri, cultile quod Beatam Mariam
Atrebatensem contingebat, possederunt, redditumque de eodem, prout visum est, eidem ecclesie
annuatim persolverunt. Robertus quoque Verdira cultile quod ecclesiam de Strumh contingebat,
eundem census tenorem annuatim persolvendum possidebat.

Ut igitur testimonii hujus cerciores efficiamini, predictos monachos nostros, qui cultile Atrebatensis ecclesie cum appendiciis suis viginti et eo amplius annis excoluerant, in testimonium produximus. Hos ergo per omnipotentis Dei et beati patris nostri Benedicti obedientam conjuravimus ut si res sic se haberet nobis palam facerent. Qui illico sub jurejurando protestati sunt rem sic se habere et non aliter, prout vobis scriptis presentibus notum facimus. Valete.

97

Folio 38, verso.

1202, *juin*. — Bauduin d'Aubigny, à la veille de partir pour la croisade, fait remise à l'église d'Arras de diverses redevances, pour participer aux prières du chapitre pendant sa vie et pour avoir un obit annuel après sa mort.

Ego Balduinus de Albiniaco (1), notum facio tam presentibus quam futuris presentem paginam inspecturis, cum pro terra de Fevrign, quam Hugo Chopins de ecclesia Atrebatensi tenebat, arietem unum et unum fertonem michi annuatim deberi asserem et ab hoc inter dictam ecclesiam et me diu controversia verteretur, ego, peregre profecturus, et heres meus, pro bono pacis et pro salute anime mee, prelibatam arietis et fertonis exactionem, ad petitionem canonicorum memorate ecclesie, in perpetuum eidem ecclesie remisimus. Ipsi vero sepe dicte ecclesie canonici me pro hac elemosina digne et salubriter remunerare intendentes, me vivum omnium beneficiorum et elemosinarum necnon et orationum que fient in ecclesia, participem fecerunt ; hoc etiam apponentes quod cum me viam universe carnis ingredi contigerit, ipsi nichilominus anniversarium obitum meum perpetuo et sollempniter celebrabunt. Actum anno Incarnati Verbi millesimo ducentesimo secundo, mense Junio.

98

Folio 41, verso.

1202, *octobre*. — Wautier Le Comte, chanoine de la cathédrale d'Arras, fait à cette église diverses donations.

Ego Walterus Comes, canonicus Atrebatensis ecclesie, decimam quam a Martino de Aesta in pignus teneo pro decem et octo marcis communis solutionis, que valet singulis annis circiter quatuordecim mencoldos annone, cujus due partes sunt frumenti, tercia avene, concedo et assigno post decessum meum ad faciendum mandatum.

Preterea medietatem decime de Pumiers, quam ab Eustachio milite in pignus teneo pro

---

(1) Bauduin Miette, seigneur d'Aubigny en 1189, mort en 1206. (V. A. DE CARDEVACQUE, *Dict. hist. et arch. du Pas-de-Calais*, St-Pol, I, 23).

quadraginta et una marcis et dimidia communis solutionis que valet duos modios (1) annone, cujus due partes sunt frumenti, tercia avene, dedi et concessi ecclesie Atrebatensi ; ita quod ecclesia solvat Ade et Christiano nutricis meis, quamdiu vixerint, viginti quatuor mencoldos ejusdem (2)...

Item decimam et ortos quos a Pagano de Avennes in pignus teneo pro viginti marcis communis solutionis, que cum ortis valere solet singulis annis viginti quinque mencoldos, cujus due partes sunt frumenti et tercia avene, dedi et concessi ecclesie Atrebatensi ad faciendum obitum meum et meorum in hunc modum : in obitu meo (3) sex mencoldi annone (4) ; in obitu Gerardi de Mescines, canonici et diaconi, quatuor mencoldi ; in obitu Henrici Louchart et matertere mee Sarre, duo mencoldi ; in obitu patris (5) mei et matris mee, Radulfi et Marie, quatuor mencoldi (6) ; in commemoratione parentum meorum, que fiat nono kalendas Maii, quatuor mencoldi (7) distribuantur. Totum residuum capitulo remaneat.

Preterea partem decime de Balli in qua posui viginti marcas communis solutionis, que valere solet singulis annis vinginti mencoldos, cujus due partes esse solent frumenti, tercia avene, dedi et concessi similiter ecclesie Atrebatensi...

Actum anno Dominice Incarnationis millesimo ducentesimo, secundo, mense Octobri.

99

Folio 25, verso.

1202, 11 octobre. — R., archidiacre d'Arras, notifie qu'il a donné au chapitre ses dîmes de Bucquoy et de Gauchin-Legal, à charge d'un obit pour le repos de son âme et de celle de ses ancêtres (8).

R., permissione divina Atrebatensis archidiaconus, *etc.* Noverit universitas vestra quod decimam nostram de Buscoio quam pro centum libris parisiensis [monete] a domino Johanne de Gombercort et filiis suis obligatam habemus, et decimam de Gauchin, quam pro quadraginta et duobus libris in pingnus recepimus a Balduino de Gauchin, ecclesie Attrebatensi in elemosinam perpetuam donavimus, pro obitu nostro et Sofredi patris nostri et Guifredi et Radulfi et Anselmi patruorum nostrorum faciendo. Volumus autem in modis omnibus, annis singulis, pro nobis omnibus et aliis predecessoribus nostris a die obitus nostri, unus tricenarius fiat, et, qualibet die tricenarii tres denarii de redditibus supradictis canonicis, qui misse intererunt, erogentur ; duo denarii capellanis ecclesie et unus clericis de choro in sacris ordinibus

(1) *Cart.* : medios.
(2) On lit au-dessus : « tercia pars autem ».
(3) Est écrit au-dessus : « VII kalendas maii ».
(4) *Id.* : « modo datur tamen tres ».
(5) *Id.* : « XIII kalendas februarii ».
(6) *Id.* : « modo tamen duo ».
(7) *Id.* : « sed modo tamen duo ».
(8) Cette charte a été barrée d'une croix sur le cartulaire ; il faut en conclure qu'elle n'a pas eu sa complète exécution par suite de ses clauses résolutoires.

constitutis similiter distribuantur. Et si aliquid residuum supersit, hoc canonicis accrescat, ultima die tricenarii dividendum. Et si aliquid forte defuerit, ipsi suppleant de communi.

Hoc autem nobis retinemus, quod si predicte decime tempore vite nostre redimerentur, de dicta pecunia faceremus velle nostrum, si eam ad redditus emendos ad supradictos obitus faciendos expendere non vellemus. Preterea retinere volumus quod si necessitas aliqua nobis ingrueret vel voluntas nostra talis esset, fructus supradictarum decimarum vendere vel donare possemus per tres annos cuicunque vellemus, et si interim cederemus vel decederemus, capitulum perceptionem suam expectaret, donec emptor vel donatarius suos tres annos recepisset... Actum anno Dominice Incarnationis millesimo ducentesimo secundo, quinto idus Octobris.

100

Folio 37, recto.

1202, *14 novembre*. — L'évêque d'Arras, Pierre, mande au chapitre d'Arras que désormais il ne lui présentera pour les canonicats que des personnes nées en légitime mariage.

P. divina patientia Atrebatensis ecclesie minister humilis, decano et capitulo Atrebatensi salutem et sincere dilectionis affectum. Sciatis nos vobis liberaliter indulsisse et indulgentiam nostram presentibus literis confirmasse, quod aliquem amodo nisi fuerit natus de legitimo matrimonio vobis scienter non presentabimus ut ipsum in fratrem et canonicum admittatis. Verum, si alicui ignote persone dignum ducimus prebendam conferre, volumus ut, sub pena excommunicationis, capitulo necessitas imponatur quod ab instituendo nullam aliam probationem sue conditionis exigant (1), nisi quod ipse jurabit, simplici manu tactis evangeliis, quod credit se de legitimo matrimonio natum. Quo facto in canonicum benigne recipietur.

Datum anno Dominice Incarnationis Mo. CCo. secundo. XVIIIo, kalendas Decembris.

101

Folio 39, verso.

S. D. (1184-1203). — Le même Evêque notifie que les profits des autels de Souastre et de St-Amand appartiennent en commun au personnat et au curé desdites paroisses, à l'exception de trois courtils assignés spécialement à ce dernier.

P. etc... Significamus universis omnes proventus altarium de Suaste et de Sto Amando persone et sacerdotis esse communes, exceptione solummodo super tribus facta curtilibus que in sacerdotis partem debent cedere. Super quo ne deinceps ulla émergat contentio, id scripto adnotatum sigilli nostri impressione signavimus capituli sigillum super apponentes.

(1) *Cart.:* exigent.

102

Folio 61, verso

1203, *1er novembre.* — 1204, *24 avril.* — Le roi Philippe-Auguste accorde au chapitre d'Arras la jouissance de la régale pendant la vacance du siège. Les chanoines pourront élire leur évêque sans en demander la permission au Roi. Cet évêque sera exempt du service militaire ; mais Philippe-Auguste se réserve le droit de gîte.

Copié : D. QUINSERT, *Dipl., cartæ*, p. 105, d'après la table de cuivre de la cathédrale d'Arras.
Imprimé : MIRŒUS. *Opera dipl.*, t. II, p. 1206 ; (Il donne : *anno regni 24*).
MARTÈNE. *Amplissima collectio*, t. I, p. 1042.
GALLIA CHRISTIANA, t. III, *Instrum.* col. 99 et 100.
BRUSSEL, *de l'Usage des fiefs*, I, 307.
LE MÈRE, *Mém. du clergé*, XI, 694.
CHOPPIN, *De la pol. ecclés.*, t. VI, liv. I.
PASQUIER, *Les recherches de la France*, t. XIII, p. 356.
EXPILLY, *Dictionnaire*, t. I, p. 276.
Traduit : FANIEN, *Hist. du chap. d'Arras*, p. 166.
Analysé : WAUTERS, *Table chronolog.*, t. II, p. 219.
Indiqué : GODEFROY, *Inv. des chartes d'Artois*, I, 30.
L. DELISLE, *Catal. des actes de Philippe-Auguste*, n° 793.
LECESNE, *Hist. d'Arras*, t. I, p. 110.

103

Folio 62, recto

1204, *août.* — Le même roi reconnaît avoir reçu de Raoul, évêque élu d'Arras, et du chapitre de cette église, la somme de mille livres, pour l'abandon qu'il a fait à toujours de la régale d'Arras.

Autentica reservantur in custodia.
Philippus, *etc.....*

Imprimé : BRUSSEL, *Op. cit.*, I, 543.
LE MÈRE, *Op. cit.*, XI, 1997.
EXPILLY, *Dict.*, I, 276.
Analysé : L. DELISLE, *Op. cit.*, n° 855.
FANIEN, *Op. cit.*, p. 167.
WAUTERS, *Op. cit.*, t. III, p. 224.

104

1204, *février*. — Raoul, évêque élu d'Arras, assigne au profit du chapitre une rente d'un muid de froment sur la grange d'Arras pour célébrer l'obit anniversaire de Pierre, son prédécesseur.

R. divina permissione Attrebatensis electus, omnibus quibus litteras istas videre contigerit, salutem in Domino. Noverint presentes pariter et futuri quod nos ad venerabilis et karissimi predecessoris nostri P., beatissime recordationis, obitum, assignavimus et dedimus ob salutem anime sue ac nostre, unum modium frumenti, de assensu capituli nostri, singulis annis in grangia nostra Attrebatensi canonicis persolvendum in beati Remigii festivitate. Actum anno gratie M°. CC°. III°, mense Februario.

105

1204, *février*. — Le doyen Jean et le chapitre d'Arras *vidiment* l'acte par lequel Raoul, évêque élu d'Arras, a donné une maison à Simon, son neveu.

J. decanus et universum Attrebatensis ecclesie capitulum, etc. Ordinationem quam venerabilis et karrissimus dominus noster R., Dei gratia Attrebatensis electus, diligenter et discrete fecit de domo sua, bonum nobis ostendens exemplum, gratam gerimus et acceptam... sicut in litteris sigillo ipsius inpressis continetur, quarum tenorem verbo ad verbum huic scripto inseri fecimus in hunc modum : R. divina permissione Attrebatensis electus, *etc.* Sciatis nos misericorditer donasse Symoni, nepoti nostro, domum nostram quam emimus a magistro Sygero, ita quod post decessum ejus, si nos ante ipsum mori contigerit, propria sit capituli nostri, et istius conditionis : quotiens dicta domus vendetur, statuimus ut capitulo, ad vitam canonici qui eam emet, bona fide vendatur et plus offerenti detur, medietas precii vero accrescat senper obitui nostro in redditibus emendis, altera medietas senper assignetur mandato in quadresima pauperibus, erogando de reddilibus exinde comparatis.

Si autem nepos noster antequam nos moriatur, non obstante consuetudine vel contradictione alicujus, nos, tota vita nostra, de domo supradicta faciemus quidquid volemus, ita tamen quod post decessum nostrum domus illa libere revertetur ad capitulum nostrum, cujus precium assignabitur prout superius est expressum. Preterea volumus et concedimus quod dictus S., nepos noster, de universa superlectili, que modo est in dicta domo, faciat quidquid voluerit. Actum anno ab Incarnatione Domini M°. CC°. tercio, mense Februario.

106

S. D. (1186-1204). — **Hugues, abbé de St-Denis, notifie que chaque année, le 19 octobre, on célébrera à St-Denis, un service anniversaire pour le repos de l'âme des chanoines d'Arras défunts.**

In nomine Patris, *etc...*

Hugo, Dei gratia Beati Dyonisii abbas, totumque ejusdem ecclesie capitulum, universis Dei fidelibus inperpetuum *etc...* Notum facimus presentibus et futuris quod inter ecclesiam Sancte Marie Atrebatensis et nostram, communiter concessum pariterque statutum est ut, quarto decimo kalendas Novembris, nos pro fratribus eorum defunctis et ipsi pro nostris, singulis annis anniversarium celebrent, eademque die predicte ecclesie canonici xx^{ti} solidos erogabunt, et nos similiter xx^{ti} solidos fratribus nostris ad pictantiam ministrabimus. Nos quoque supradicte ecclesie canonicis x. solidos de censa altaris de Amchin in octabis Assumptionis beate Marie persolvemus. Quod ut ratum *etc...*

107

1205. — **Gaucher de Châtillon, comte de St-Pol, et Elisabeth, sa femme, approuvent la donation d'une part de la dîme de Duisans, faite par Eustache de Canteleu (1), à l'église d'Arras.**

G. de Castellione, comes S^{ti} Pauli, et E. comitissa, uxor ejus, presentem paginam inspecturis salutem. Noverint universi presentes et futuri, quod nos donationem partis decime de Duisans, quam Eustacius de Canteleu pro remedio anime sue contulit perpetuo possidendam, Attrebatensi ecclesie ratam habemus, et ipsam decimam pacifice et quiete tenendam dicte ecclesie concedimus. Et ut hoc firmum, *etc...* Actum anno Dominice Incarnationis millesimo ducentesimo quinto.

Orig : ARCH. DU PAS-DE-CALAIS, *Chapitre d'Arras*, série G, *carton* C-F.

108

1206, *23 juillet*. — **L'évêque d'Arras Raoul notifie que le chevalier Gérard de Chelers a engagé envers Jean, clerc d'Arras, la moitié de sa dîme de Chelers, pour la somme de 80 livres parisis.**

R. *etc.* Scire volumus... quod constitutis in presentia nostra Gerardo de Celest, milite, et

(1) Ce chevalier partit pour la croisade en 1204 ; il y a lieu de penser que la donation ci-dessus a été inspirée par ce départ.

Mabillia uxore sua et Johanne filio ipsorum, dictus G. miles, de voluntate libera et assensu predictorum uxoris et filii, obligavit Johanni, clerico de Attrebato, quondam filio Radulphi Parvi, medietatem totius decime sue quam habebat in territorio de Celest, pro LXXX. libris parisiensium *etc.* Ad majorem etiam securitatem, Johannes de Celest, de quo ipse G. decimam illam se in feodum tenere dicebat et Robertus de Herseke, qui superior dominus dicebatur, obligationem premissam, sicut domini concesserunt sepedicto J. clerico et illi similiter qui ab ipso pignus habebit, garadiam, sicut domini promittentes et concedentes decimam, illam durante pignore, ab ipso J. pacifice et sine omni servicio possideri.

Sciendum est quod Hugo Bonars et Hugo de Ruit, pares ejusdem G., qui interfuere, judicaverunt quod ipse G., propter necessitatem nimiam quam habebat, decimam illam legitime poterat obligare, et J. clericus in pignus illud, ut dictum est, secure intrare. Preterea pignus illud vel alia decima sive redditus de pretaxatis LXXX libris obligati vel empti, post mortem ipsius J. ad ecclesiam nostram Attrebatensem venire debent, ad opus unius capellanie presbitero conferende.

Ad hoc ipse J. vel ille qui capellaniam tenebit, debet singulis annis ecclesie tres menqualdos rumenti, de decima solvendos, II. kalendas Aprilis, ad obitum Symonis Maraduit faciendum, nisi contingat decimam redimi. Quod si fiat, sepedictus clericus liberatus erit a solutione illius bladi, donec alia decima vel redditus emantur vel obligentur de pecunia pretaxata.

Huic conventioni interfuerunt P. archidiaconus ; J. decanus ; E. cantor ; magister Sigerus ; H. Noradins ; frater ejus Bernardus de Hesdin ; magister E. de Henin et Bartholomeus, canonici Attrebatenses ; H. de Tenques, miles ; Anselmus frater majoris ; Johannes Gosse et Robertus Louchars cum multis aliis, tam clericis quam laicis... Actum anno Dominice Incarnationis M°. CC° sexto, X° kalendas Augusti.

109

Folio 82, recto.

1207, *novembre.* — **Guillaume d'Hallines notifie que Manassès Cauderon, son homme, a, par nécessité, engagé sa dîme d'Agny à Sagalon Cosset, clerc d'Arras, pour la somme de trois cents livres parisis.**

Ego Willelmus de Haslines notum facio presentibus et futuris quod Manasserus Cauderons, nomo meus, propter necessitatem (1) maximam quam habebat, de assensu et voluntate mea, pignori obligavit decimam quam de me tenebat apud Aigni in feodum, Sagualoni Cosset, clerico de Attrebato, pro ccc. libris parisiensis monete *etc...* Ad hoc Margareta uxor M. jam dicti, que se in illa decima dotalicium habere dicebat, recognovit coram domino episcopo Attrebatensi et coram me pro dotalicio bonum excambium se habere, pro quo assignata fuit per me, sicut dominum, et per homines meos pares ipsius Manasseri, ad tres partes omnium aliorum bonorum que idem M. de me tenet apud Aigni ; que ego concessi ei tenere quamdiu viveret, pro dotalicio, sine omni servicio, libere et quiete. Quarta autem pars reservabitur heredi ipsius Manasseri, qui postea servicium feodi facere mihi debet.

(1) *Cart.* : neccitatem.

Et preter hoc sciendum quod dicti homines mei, pares videlicet, ut dictum est, M[anasseri], a me, suo domino, adjurati, judicaverunt impignorationem premissam legitime factam esse. Et ego, sicut dominus, promisi dicto Sagualoni, quamdiu pignus durabit, semper ipso tenendo me garandiam prestiturum, et ad hoc ipsum tam heredem meum quam me pariter obligavi.

Nomina parium sunt hec: Eustacius de Norhem, Walo de le Bevriére, Hugo de Aigni et Rogerus Ventepes. Huic contractui interfuerunt dominus Radulphus, Attrebatensis episcopus; dominus Pontius archidiaconus; dominus Johannes decanus; dominus Everardus cantor; Robertus de Duaco; Bartholomeus, Robertus de Novavilla, canonici; Everardus, capellanus Attrebatensis. Et ut hoc *etc.* Actum anno Dominice Incarnationis M°.CC°.VII°, mense Novembri.

110

Folio 82, verso.

1207, *novembre.* — L'évêque d'Arras Raoul de Neuville, donne *vidimus* de l'acte d'engagement qui précède, en le confirmant.

R. *etc.* Sciant presentes pariter et futuri quod Willelmo de Haslines et Manassero Cauderon, domino de Sauti *etc.*, nos igitur obligationem premissam ratam et gratam habentes, presens scriptum inde factum sigilli nostri duximus munimine roborandum.

Actum anno gratie M°.CC°.VII°, mense Novembri.

111

Folio 66, recto.

1208, *mai.* — Le prévôt Guillaume, le doyen Jean et le chapitre d'Arras, notifient qu'ils ont droit aux produits de la dîme de Berles jusqu'au paiement de cette dîme par Wautier, clerc de l'avoué. A la mort de ce dernier cette dîme fera retour à l'église d'Arras.

Willelmus prepositus, J. decanus cum universo Attrebatensis ecclesie capitulo *etc.*... Noverit universitas fidelium quod nos fructus decime de Berle, quam Walterus, clericus domini advocati, tenet, debemus recipere, donec in ipsis decem marchas pagamenti acceperimus, de quibus debemus emere redditum quem cum fructibus inde provenientibus dictus Walterus tota vita sua percipiet. Post decessum vero ipsius, tam dicta decima de Berle quam redditus de predicta pecunia comparatus, ad nostram ecclesiam pertinebit. Receptis etiam dictis decem marchis a nobis, dicta decima ad ipsum Walterum, quamdiu vixerit, pertinebit, *etc.*... Actum anno Domini M°.CC°.VIII°, mense Maio.

112

Folio 76, verso.

1208, *novembre.*—L'évêque d'Arras Raoul, notifie que le chevalier Gérard de Chelers a engagé, au profit de l'église d'Arras, la moitié de sa dîme de Chelers, pour la somme de 60 l. parisis.

R., divina permissione *etc.*... Sciant pariter presentes et futuri quod Gerardus de Celest, miles, in nostra presentia constitutus cum uxore sua Mabilia et duobus filiis suis Johanne vide-licet et Hugone et duobus etiam dominis suis, domino Roberto de Herseka et Johanne milite de Celest, obligavit ecclesie nostre Attrebatensi, pro sexaginta libris parisiensium, medietatem decime quam habebat in territorio de Celest, de assensu et voluntate tam uxoris et filiorum suorum quam dominorum suorum, qui omnes cum dicto G., fide interposita, promiserunt quod ecclesiam, vel alium pignus illud ab ecclesia possidentem, super illo pignore nullatenus per se vel per alios molestabunt... *Mabilie promet de ne jamais invoquer ses droits dotaux à l'encontre de cette engagère.* Sciendum preterea quod dictus R. de Herseka, Nicolaus de Tinques et Hugo de Betencort plegiaverunt ita quod quilibet eorum in solidum, fide interposita, promittentes quod ecclesie vel alii pignus ab ea tenenti, dampna omnia integre resarcirent... Ad hec sciendum quod Johannes, filius Roberti de Celest, Lietardus de Betencort et Clarenbaldus de Celest, pares ipsius Gerardi, et Robertus Gares, homo Johannis filii Roberti, qui obligationi premisse presentes interfuerunt, a dominis suis adjurati, de consilio bonorum virorum, judicaverunt preassignatam invadiationem legitime factam esse. Preter hoc scire volumus universos quod Gerardus et Adam, alumni Radulfi, quondam Archidiaconi Ostrevandensis, tam prescriptum pignus, quam pignus de Berberia, pro centum et octoginta libris parisiensium, ecclesie nostre Attrebatensi specialiter obligaverunt, quamdiu vixerint et pignora duraverint, possidebunt... Actum anno gratie M°. CC°. VIII°, mense Novembri.

113

Folio 63, verso.

1209, *janvier*. — Soyer, seigneur de Beaumetz, vend à l'église d'Arras le quart de Basseux.

Ego Sigerus dominus de Bellomanso, notum fieri volo presentibus et futuris, quod propter evidentissimam necessitatem (1) meam, ob mea debita extollenda, quibus importabiliter ad usuras eram oppressus, totam quartam partem de Basseus, quam de ecclesia Beate Marie Atrebatensis tenebam in feodum, quicquid videlicet habebam in territorio de Basseus, in terris, in nemoribus, redditibus et aliis, eidem ecclesie integre vendidi, werpivi, quitavi et per ramum et cespitem super majus altare ipsi ecclesie reddidi et in elemosinam concessi, cum omni tranquillitate et integritate perpetuo possidendam. Ad majorem etiam securitatem domina et mater mea Mathildis, per advocatum, videlicet Manasserum Cauderon, dominum de Sauti, et Balduinus, filius meus major natu, per suum similiter advocatum Jacobum de Savie, et Rogerus, frater meus, eandem quartam ecclesie werpiverunt et libere quitaverunt. Ad hoc tam mater mea et frater meus jam dicti, quam ego, super altare juravimus quod ecclesiam super quarta illa, neque nomine dotalicii, neque alio modo, per nos vel per alios presumemus de cetero molestare, nec ei movebimus aliquam questionem, sed ei bona fide prestabimus garandiam contra omnes, ac permittemus in bona pace quod ipsa quartam illam perpetuo teneat et bona ex eadem provenientia percipiat libere et quiete.

Preter hoc sciendum quod ego Robertum de Minileville, hominem meum, de Bellomanso, qui terragium habebat in quadam terra illius quarte quod tenuit de predecessoribus meis et

(1) *Cart.* : necescitatem.

in feodum de me tenebat, ad hoc induxi et tantum ei feci, quod ipse et Rogerus filius suus terragium illud ecclesie libere quitaverunt et penitus abjurarunt.

Scire volo preterea universos quod, antequam sepenominatam quartam vendidissem ecclesie memorate, ego supradicto fratri meo et proximis meis eam obtuli coram hominibus ecclesie, paribus meis : Nicholao, majore de Esquiri, Roberto Restaut, Renero, majore d'Ais, Hugone de Longovado, Sigero, majore de Brai, Petro, majore de Souces, et Jacobo de Savie ; et coram hominibus regis : Manassero Cauderon, majore de Sauti, Egidio de Berleto, Egidio de Maingo-val, Gamelone de Longovado et Hugone de Bernevilla ; sed nullus fuit qui eam emere posset aut vellet, sicut coram eisdem hominibus sunt confessi.

Ad hoc sciat universitas vestra quod dicti homines ecclesie, pares mei, a preposito ecclesie adjurati, de consilio dictorum hominum regis super hoc et a baillivo regis adjuratorum, judicaverunt quod ego propter urgentissimam necessitatem et cognitam, quam habebam, legitime poteram vendere quartam illam et ecclesiam eam emere et in eandem intrare libere et secure, illo modo qui superius est expressus.

Ut igitur omnia premissa, perpetue memorie commendata, debitam obtineant firmitatem, presens scriptum fieri feci sigilli mei appensione firmatum. Ego etiam dominum episcopum rogavi ut contractum confirmaret jam dictum et daret ecclesie scriptum suum in testimonium rei geste et excommunicaret omnes illos qui contra prescriptam venditionem aut donationem in elemosinam venire presumpserent, vel ecclesiam supra quarta illa de cetero molestare. Quod, tam ad meam quam ad canonicorum petitionem, fecit episcopus memoratus. Subscripta sunt et nomina illorum qui interfuerunt : Dominus Radulfus episcopus ; Pontius archidiaconus ; Willelmus prepositus ; Johannes decanus ; Ebrardus cantor ; Gerardus de Ostricort ; Gillebertus, magister Egidius, presbiteri ; Johannes Crispinus, Robertus de Duaco, dyaconi ; Engerrannus, Egidius, Eustacius, Johannes Remensis, Jacobus, subdyaconi et canonici ; Nicholaus et Guifridus de Warluis, fratres ; Heluinus de Rivaria, Hugo Canoella, Balduinus de Sailli, Johannes Fordins, Petrus de Friviler, Amolricus de Balli, Nicholaus de Tenques, Anselmus d'Imercort, Petrus de Belloramo, Engerrannus de Monchiel, milites. Et multi alii fuerunt presentes, clerici et laici, cum hominibus ecclesie, paribus meis, et hominibus regis, qui sunt superius nominati.

Actum anno Dominice Incarnationis M⁰.CC⁰.VIII⁰, mense Januario.

114

Folio 64. recto.

1209, *juin*. — L'évêque d'Arras Raoul, *vidime* la vente qui précède en l'approuvant.

R[adulphus], divina permissione Attrebatensis episcopus... Nos itaque preassignatum contractum ratum habentes et gratum, eum approbamus et confirmamus, excommunicantes omnes illos qui contra venditionem premissam aut donationem in elemosinam temere venire presumpserint, aut canonicos Attrebatenses super illa de cetero molestare... Actum anno Verbi Incarnati M⁰.CC⁰. nono, mense Junio.

115

1209, 11 juillet. — **Le même évêque notifie que le maire d'Ecurie, Nicolas, a vendu au chapitre d'Arras sa dîme et tout ce qu'il tenait dudit chapitre à Ecurie.**

R., divina permissione Attrebatensis episcopus *etc*... Noverint presentes pariter et futuri, quod Nicholaus, major de Esquiri, ob evidentissimam et a suis paribus, hominibus ecclesie nostre Attrebatensis, approbatam necessitatem (1), quia multo erat oppressus onere debitorum, quicquid habebat apud Esquiri, in curte capituli Attrebatensis, videlicet decimam decime cum tota palea et messem in Augusto pro carrucatione, et sex solidos in redditu quos singulis annis recipiebat ibidem et omnes terras quas ad societatem a capitulo excolebat, et custodiam grangie et quicquid in eadem curte vel grangia juris habebat, predicto capitulo integre vendidit et werpivit et in perpetuam elemosinam contulit, et super majus altare ecclesie nostre per ramum et cespitem in manu prepositi resignavit, interposita fide promittens quod canonicos Attrebatenses super predictis, neque per se, neque per alios, de cetero molestaret, sed, pro posse suo, bona fide, contra omnes, tanquam homo legius ecclesie garandiret... *Si dans les quarante jours son fils et sa femme ne ratifient pas la vente, ou si quelqu'un de ses héritiers trouble le chapitre dans sa possession,* capitulum in recompensationem haberet quedam alia que sepedictus N. ab ipsis canonicis tenet, scilicet mansum suum liberum, qui est de feodo suo, et furnum totum, salvo jure prepositi, et viginti menqualdatas terre quas tenet a canonicis, cujus terre sex menqualdate site sunt ad locum qui dicitur Femeiz et xii menqualdate inter Campum Bervaut et Taillieconci et locum qui dicitur Saint-Severin Valceaus, et due menqualdate sunt ad locum qui dicitur li Femeiz d'Amelieiard, et liberum esset ac licitum preposito ecclesie vel canonicis manum mittere ad ea que dicta sunt et eadem sine contradictione libere possidere, nec sepe nominatus N., si per eum staret quominus hec fierent, nec aliquis heredum aut successorum suorum posset contradicere vel in aliquo reclamare.

Hec autem omnia solemniter acta sunt Attrebati coram nobis et presentis scripti patrocinio roborata, presentibus hominibus ecclesie quorum nomina subscripta sunt et judicantibus dictam conventionem, tam super venditione quam super obligatione assignationis recte et legitime factam esse.

Nomina illorum qui interfuerunt conventioni memorate sunt hec : Pontius, archidiaconus ; Willelmus, prepositus ; Johannes, decanus ; Hugo de Viteriaco, Lambertus de Yser, presbiteri ; Bartholomeus, Robertus de Duaco, dyachoni ; Robertus de Novavilla, subdyaconus, canonici ; Heluinus de Riveria, Egidius de Berlete, Guifridus de Warluis, milites ; Gerardus Sekerete, baillivus noster ; Jacobus de Savie, Hugo, major de Esquavies, Petrus de Esquiri, Robertus Restaus, Petrus, major de Souces et Sigerus, major de Brai, homines ecclesie nostre Attrebatensis. Actum anno Domini Mo. CCo. IXo, quinto idus Julii.

___

(1) *Cart.* : necescitatem

116

Folio 81, recto.

1210, *26 juin*, Arras. — Robert, Sr de Suzanne, notifie que Jean d'Achiet, son vassal, a vendu par nécessité à Robert d'Ysel, chanoine d'Aire, les dîmes qu'il possédait à Achiet et à Bihucourt.

Ego Robertus, dominus de Susana, notum fieri volo tam presentibus quam futuris, quod Johannes de Aissie, homo meus, de voluntate mea et de assensu Agnetis matris sue et Mathildis uxoris ejusdem, totam decimam quam habebat in territoriis de Aissie et de Buhiercort et preterea duas partes decime in duobus campis terre, que omnia de me tenebat in feodum, propter urgentissimam necessitatem suam, domino Lamberto de Yser, canonico Ariensi vendidit, et in manu mea ad opus ipsius L., coram venerabili domino Radulpho, Attrebatensi episcopo, libere reddidit et werpivit. Et ego eam reddidi in manu ejusdem episcopi, *etc*. Ad majorem etiam securitatem Johannes Capes et Rabodus de Susana, homines mei et pares sepe fati Johannis... judicaverunt, *etc*... Actum Attrebati, coram domino episcopo et coram dominis : Pontio, archidiacono ; Everardo, cantore ; Hugone de Viteriaco, officiale ; Bartholomeo et Egidio, fratre cantoris, canonicis Atrebatensibus ; Gerardo, marito supradicte Agnetis et multis aliis, anno Dominice Incarnationis millesimo ducentesimo decimo, sexto kalendas Julii.

117

Folio 79, verso.

1210, *26 juin*. — L'évêque d'Arras Raoul notifie, en la confirmant, la vente qui précède.

Radulphus, *etc*... Actum anno Verbi Incarnati M°.CC°. decimo sexto kalendas Julii.

118

Folio 69, recto.

1210, *octobre*. — Le même évêque notifie qu'Ibert de Saint-Martin-sur-Cojeul a vendu à l'église d'Arras sa dîme de Saint-Martin. Cette dîme sera possédée, moitié par le doyen Jean et moitié par le chapelain Wibert Bodart.

R., divina permissione Attrebatensis episcopus, *etc*... Sciant presentes pariter et futuri quod Ibertus de Sancto Martino super fluvium qui vulgariter appellatur Coghuels, nullum de carne sua habens heredem, cum Thoma, fratre suo, et Johanne, filio ipsius Thome, qui ejusdem Iberti heredes futuri erant et etiam cum Wicardo, domino ipsius Iberti, propter hoc in nostra presentia constitutus, vendidit ecclesie nostre Attrebatensi totam decimam quam in territorio ville jam dicte de S^{to} Martino, de prefato Wicardo in feodum se tenere dicebat, eidem ecclesie nostre dudum pro quadam summa pecunie obligatam.

Hec autem venditio facta fuit, tam de assensu ipsius Wicardi, domini videlicet prefati Iberti, quam prenominatorum Thome et Johannis, *etc*... Quam nos Johanni, decano nostro Attrebatensi reddidimus, nomine ipsius ecclesie possidendam ab eo modo quod superius est expressus, hoc adjecto quod idem decanus de medietate illius decime in ecclesie usus pro sue voluntatis arbitrio poterit ordinare, et altera medietas ad capellaniam Wiberti Bodart, quam instituit Petrus Permentarius, est perpetuo assignata... Hii autem interfuerunt: dominus Godescalcus, abbas S. Wlmari ; magister Robertus de Duaco et Lambertus, canonici Attrebatenses ; Wibertus Bodars, capellanus ; Willermus de Heninel et Urselaus de Attrebato. Nomina vero parium sunt hec : Willermus de Henin ; Albericus Bries ; Renerus Boles et Walterus Plakesotie. Actum anno Dominice Incarnationis M⁰.CC⁰.X⁰ mense Octobri.

119

Folio 77, recto

1212, *3 avril*. — Manassès Cauderon, Sr de Longastre, notifie que Roger de Vaux et Emma sa femme, ont vendu à Robert, fils de feu Bauduin Cosset, au profit de l'église d'Arras, 80 mencaudées de terre.

Ego Manasserus Cauderons, dominus de Longanste, notum facio presentibus et futuris quod Rogerus de Vaus, homo meus, et Emma uxor ejus, de assensu et voluntate mea, vendiderunt Roberto quondam filio Balduini Cosset de Attrebato, ad opus ecclesie Beate Marie Attrebatensis, octoginta mencaldatas terre cum decima et terragio et aliis que, ad eandem terram pertinentia, de me ab ipso Rogero in feodum tenebantur. Quorum xxxᵗᵃ mencaldate sedent inter viam que ducit de Vaus ad Bapalmas et bosculum ejusdem Rogeri quod sedet juxta Vaus et xxxᵗᵃ jacent inter idem bosculum et villam que dicitur Fremiercort. Quibus xxᵗⁱ contigue sunt alie xᶜᵉᵐ et relique xxᵗⁱ site sunt in campo qui dicitur Forest versus Buisnies ; et omnes hec Lxxxᵃ mencaldate sunt ad mensuram Bapalmarum. Quod vero dicta Emma, uxor Rogeri, in tota medietate harum octoginta mencoldatarum se dotalicium habere dicebat, idem Rogerus, vir suus, dedit ei in excambium terre equivalentis vel melioris, scilicet sexaginta mencoldatas terre jacentes inter triginta mencoldatas superius nominatas et viam que ducit de Vaus ad Fermiercurt. Ipsa autem Emma, coram me et aliis qui aderant, publice recognovit quod hoc excambio contenta erat et de recompensatione prioris dotalicii esse sibi plenarie satisfactum, *etc*.

Hec itaque venditio facta fuit coram me, tanquam domino, presentibus hominibus meis, paribus ipsius Rogeri : videlicet Arnulpho de Vilers, Allardo de Builecort, Wicardo de Laignicort, militibus, Gontero de Builecort, Petro de Agni, Wiberto, filio quondam Wiberti majoris Attrebatensis et Petro nepote ejus... Ad majorem autem securitatem ego eandem terram cum decima et terragio reddidi in elemosinam ecclesie Attrebatensi... Postmodo dominus Hugo de Vitriaco, ejusdem ecclesie canonicus, loco prepositi et ex parte capituli reddidit terram... Roberto... tenendam de ecclesie pacifice et quiete, per vii solidos de reddito... et per xiiii solidos de relevio. Huic contractui (1) interfuerunt : magister Petrus, Ermenfridus et magister Asso,

(1) *Cart*. Contractu.

presbiteri ; magister Robertus de S^{to} Paulo et Robertus de Duaco, canonici, dyaconi ; Hubertus et Robertus Silvanectensis, subdyaconi, canonici Attrebatenses ; Guido de Vaus, frater ipsius Rogeri, miles ; Sagualo Cossez ; Matheus Cossez ; Gillebertus, quondam serviens domine Thessende Cossette, cives Attrebatenses ; Ursio de Fampous et multi alii clerici ac layci... Actum anno Domini M°. CC°. XII°. III° nonas Aprilis.

120

Folio 87, recto.

1212, *septembre*. — Gilles de Beaumetz, châtelain de Bapaume, notifie que le clerc Wibert Bosquet a affermé, pardevant lui, la dîme que le chevalier Segard de Pommier tenait en fief de Bauduin de Bailleul.

Ego Egidius, Castellanus Bapalmensis et dominus Bellimansi, notum facio omnibus presentibus et futuris quod Wibertus Boskes, clericus, mundiavit coram me et coram hominibus meis omnem decimationem quam Segardus, miles de Pumiers, habebat in feodo Balduini de Bailluel et in meo feodo, et in quocunque loco terragium capitale. Dictus Wibertus debet capere decimationem tam in terris propriis ipsius Segardi quam in aliis et unum mansum de dimidia menqualdata terre, liberum ab omni re, super quam dictus Wibertus potest facere edificium custi XL. librarum, si voluerit, et eadem libertate et eodem modo quo Segardus predictus tenebat decimationem dictus W., debet tenere...

Pactionem istam ego castellanus laudavi ut dominus, concessi et approbavi... coram scabinis Attrebatensibus, scilicet Theobalbo de Petra et Balduino le Cokin. Huic autem pactioni interfuerunt hii : Willelmus de Buscoi, Heluinus de le Riviere, Petrus de Laignicort, Aldefridus, Robertus de Warluis, Walterus de Goigneliu, Balduinus Pokes, Robertus de Daienville, Willelmus Faverellus. Ut autem *etc*... Actum apud Attrebatum, in domo mea, anno gratie M°. CC°. XII°, mense Septembri.

121

Folio 72, recto.

1212, *novembre*. — Guillaume, seigneur de Bucquoy, notifie la vente faite par Héraut de Douchy et Jean d'Adinfer, de leur dîme de Boisleux, au profit de Mre Enguerrand, chanoine d'Arras.

Ego Willelmus, dominus de Buscoio, notum facio tam futuris quam presentibus, quod Johannes Heraus de Douci et Johannes de Andifer qui cognominatur Sans Terre, homines mei, propter evidentem et urgentissimam et a suis paribus, hominibus meis inferius nominandis, approbatam necessitatem suam, decimam quam in territorio de Bailues de me tenebant in feodum, de assensu et voluntate mea magistro Ingerramo, Attrebatensi canonico, vendiderunt et ad opus ejus in manu domini Radulphi, Attrebatensis episcopi, libere et legitime werpiverunt, ab eo et successoribus suis pacifice et quiete, sine omni servicio et exactione perpetuo possidendam.

Sciendum autem quod tam dictus Johannes de Douci cum Godella, uxore sua, et Johanne, primogenito eorumdem, quam Johannes de Andiler, coram memorato domino episcopo et in manu ejus fide data, me presente, firmiter promisi sunt quod neque nomine dotalicii, neque alio modo *etc...* molestabunt... Ad majorem etiam securitatem Johannes Flandrensis, Willelmus de Aubainsevele, Andreas de Bailescort, Drogo de Meaute, homines mei, pares dictorum Johannis et Johannis, a me, tanquam domino suo propter hoc adjurati, utpote qui hanc venditionem et werpitionem judicare habebunt, dixerunt per judicium quod sepedicti Johannes et Johannes bene et legitime poterant vendere decimam prelibatam... Huic contractui interfuerunt: W. prepositus; Radulphus cantor; H. de Vitriaco, canonicus Attrebatensis; Everardus et Amelius ejusdem ecclesie capellani; Ludovicus de Andiler, miles, et multi alii. Ut igitur *etc...* Actum anno Domini M⁰.CC⁰.XII⁰, mense Novembri.

122

Folio 66, recto.

1212, *novembre.* — Le prévôt, le doyen et le chapitre d'Arras notifient la vente d'une maison consentie par les héritiers de Simon Agache, au profit du chanoine Herbert.

Willelmus prepositus, J. decanus cum universo Attrebatensis ecclesie capitulo... universitati vestre duximus per presentia declarandum quod testamentarii Symonis Agahes et de assensu et voluntate nostra dilecto concanonico nostro Herberto, domum ejusdem Simonis triginta marchis ad pondus Flandrense vendiderunt et tradiderunt, de qua summa fuit eis plenarie satisfactum, *etc...* Actum anno gratie M⁰.CC⁰.XII⁰, mense Novembri.

123

Folio 68, recto.

1212, *décembre.* — L'évêque d'Arras Raoul notifie que Gui de Souastre, chevalier, a engagé sa dîme de Souastre au profit du chapitre d'Arras, pour la somme de 400 livres parisis.

R. *etc.*, Dei gratia Attrebatensis episcopus, scire volumus tam posteros quam presentes presentem paginam inspecturos, quod Guido de Souaste, miles, Attrebatensis dyocesis, in nostra propter hoc presentia constitutus cum Aelide uxore sua et quatuor filiis suis, Balduino primogenito, Petro, Guydone ac Roberto, et dominis ejusdem Guydonis, Nicholao videlicet, domino de Dours, Galtero de Ransart et Elysabeth de Bailliolo, que tunc gerebat tutelam primogeniti sui filii adhuc minoris, propter suam urgentissimam necessitatem, pignori obligavit ecclesie nostre Attrebatensi totam decimam suam quam habet in territorio de Souaste, tam in curtilibus quam in aliis terris, pro quadringentis libris parisiensium, de voluntate spontanea et assensu uxoris sue prefate et filiorum eorum *etc...*, ita quod decima illa redimi non potest usque ad sex annos, et, illis sex annis elapsis, de anno in annum a festo beati Remigii infra Epiphaniam Domini et non post redimi poterit de quadringentis libris superius nominatis.

Quoniam vero ecclesia non habebat grangiam in territorio illo ad segetes decime reponendas, sepenominatus Guydo liberaliter concessit ecclesie quamdam cambam quam habet apud Souaste, ut ecclesia reponat segetes suas in camba illa et ea utatur libere ac quiete quamdiu pignus durabit, hoc adjecto quod si ecclesia, durante pignore, melioraverit cambam illam, ipse Guydo post redemptionem decime reddere tenetur ecclesie estimationem meliorationis arbitrio bonorum virorum illius artificii peritorum bona fide... Fuit et adjectum quod homines ipsius Guydonis de Soaste qui decimam cum terragio ejus ad ejus grangiam advehere tenentur de antiqua consuetudine, decimam ecclesie prelibate adducere tenentur apud Souaste, ad locum predicte cambe, vel alibi, nisi placuerit ecclesie infra villam, etc... Ob majorem etiam securitatem dicta Elysabeth de Bailliolo... obligationem prescriptam libere creantavit et de hoc ipso faciendo plegios dedit Robertum Fretel Juniorem, Gamelonem de Longo Vado, Alelmum de Belfort, Eustachium de Sraele... Ad hoc tam dictus Guido, quam Aelidis uxor sua et IIIIor filii eorum, juramento prestito et fide data, firmaverunt quod neque nomine dotalicii, neque alio modo, ecclesiam super pignore illo per se aut per alios molestabunt etc... insuper prefati Nicholaus de Dours, Galterus de Ransart et Elyzabeth de Balliolo, domini sepe dicti Guydonis, promiserunt super eodem pignore garandiam ecclesie contra omnes, sicut dominos, se prestare.

Preterea sciendum est quod Rogerus de Buscoi, Mainardus de Sancto Leodegario, Robertus de Rollecort, Garinus de Baiencort et Eustachius de Straella, homines dictorum dominorum et pares ipsius Guydonis de Soaste, qui eidem obligationi fuerunt presentes, adjurati... judicaverunt, prehabito bonorum ac prudentium virorum consilio, quod sepe nominatus Guydo de Soaste, propter suam urgentissimam ac cognitam necessitatem, bene ac legitime prescriptam decimam ecclesie nostre Attrebatensi poterat pignori obligare, et ecclesia legitime ac secure intrare in eandem decimam, eo modo qui superius est expressus. Ut igitur preassignata obligatio etc... subscriptis nominibus illorum qui eidem interfuerunt obligationi, quorum hec sunt nomina : Pontius, archidiaconus ; Willelmus prepositus ; Robertus, cantor ; Petrus, Gillebertus, Egidius de Hinniaco, presbyteri ; Bartholomeus, Robertus de Duaco, dyaconi ; Herbertus, Robertus Silvanectensis, subdyaconi, canonici Attrebatenses. Willelmus, Bartholomeus de Bassemen, capellani Attrebatenses ; Gerardus Senqrece et Johannes de Sancto Amando, clericus, et multi alii tam clerici quam laici. Actum anno Domini Mo. CCo. XIIo, mense Decembri.

124

Folio 87, verso.

1212. — **Gilles de Beaumetz**, châtelain de Bapaume, notifie que le chevalier Ségard de Pommier a engagé, au profit de l'église d'Arras, la dîme de ses terres et de celles de sa femme et de son fils.

Ego Egidius, castellanus Bapalmensis et dominus Bellimansi, notum facio universis presentem paginam inspecturis quod Segardus de Pumiers, miles, et Godeldis uxor ejus ac H. filius eorum, homo meus, coram me ac domino G. de Sowasta, bajulo et tutore Nicholai, domini de Baillolio, de assensu tam meo quam ipsius G., obligaverunt ecclesie Attrebatensi totam decimam quam habent tam in terris suis propriis quam in alienis quas alii possident et in quocunque loco habent terragium predicti S. et G. uxor ejus et H. filius eorumdem, in feodo meo et in feodo dicti N., domini de Bailliolo, pro cccc. libris parisiensium, xl. solidis minus, redimendam a festo sancti Remigii proxime venturo in decem annos et non ante, sed postea de anno in annum infra idem festum.

Fuit et adjectum quod eadem decima debet adduci ab hominibus jam dicti S. propriis sumptibus et vecturis eorumdem hominum ad quemcumque locum voluerit ecclesia Attrebatensis...

Hanc autem conventionem tam ipse S. ac G. uxor ejus, quam H. filius eorum, homo meus, ac Robertus, frater ejus, primogenitus Segardi et Godeldis, coram me a dicto Guidone de Sowastre, in presentia domini Radulphi, venerabilis Attrebatensis episcopi, fide interposita, juramento corporaliter prestito, promiserunt etiam sub ejusdem juramenti ac fidei cautione se super pignore jam dicto ecclesie memorate contra omnes prestare garandiam bona fide et quod non ipsa Godeldis, nomine dotalicii, vel alio modo, nec ipse S. et:., (suite non transcrite).

125

Folio 71, recto.

1213, février. — Gérard, prévôt de l'église de Douai, notifie que l'église d'Arras lui a affermé une terre sise à Hernicourt, moyennant un cens annuel de 18 mencauds de froment.

Ego Gerardus, prepositus de Duaco, notum fieri volo tam futuris quam presentibus presentem paginam inspecturis, quod ecclesia Attrebatensis mihi dedit ad firmam terram suam de Ermencicort, ad dotem ipsius ecclesie spectantem, et duas partes decime, sub annuo censu xviii°. mencoldorum frumenti medie estimationis, ad mensuram Duacensem, quos apud Duacum infra festum Sti Andree, jam dicte ecclesie Attrebatensi vel censuario ejus, persolvere teneor annuatim... Actum anno Domini M°.CC°.XII°., mense Februario.

126

Folio 71, recto.

1213. juin, Arras. — J., doyen de l'église d'Arras, notifie que sur le prix de vente de sa maison, il a donné 40 marcs à l'église d'Arras, pour le repos de son âme, et les a assignés sur la dîme de Villers-au-Bois.

Omnibus etc... J. decanus Attrebatensis, salutem in omnium salvatore. Noverit universitas vestra quod de precio domus mee quam ego vendidi B. Bardekino, civi Attrebatensi, ccctis marchis, ob salutem anime mee dedi in elemosinam ecclesie beate Marie Attrebatensis xlª libras assignatas in decima de Vilers juxta Karenciacum, post decessum Johannis nepotis mei, ad dictam ecclesiam devolvendas. Preterea Johannes, nepos meus, xxii libras quas cum xlª dictis libris pater ejus in prefata decima posuerat, de assensu et voluntate jam dicti patris sui, dedit ecclesie memorate, etc... Actum Attrebati, anno Incarnationis Dominice millesimo ducentesimo tercio decimo, mense Junio.

127

Folio 72, recto.

1213, *juin*. — L'Evêque d'Arras Raoul donne confirmation de l'acte n° 119, en le vidimant.

R. *etc.* Sciat fidelium universitas quod nos autenticum Willermi de Buscoio suscepimus et inspeximus... Nos itaque premissam venditionem concedimus et laudamus et ratam habemus et gratam, et, ad postulationem supranominati W. de Buscoio et etiam tam predictorum Johannis Heraul et Johannis Sansterre, quam prefati Eugenii, canonici nostri, hanc nostre confirmationis paginam, propter hoc factam, sigilli nostri dignum duximus patrocinio muniendam. Datum anno Domini M°.CC°.XIII°., menseJunio.

128

Folio 70, verso.

1213, *juillet*. — Le même évêque notifie que Wautier Lagan, d'accord avec Gilles de Berlette, son grand-père, a reconnu que sa dîme de Berlette était engagée au profit de l'église d'Arras, pour la somme de 70 marcs d'argent.

R., divina permissione Attrebatensis ecclesie sacerdos humilis *etc*... Sciat fidelium universitas quod Walterus Lagans, consilio et voluntate Egidii de Berlete, avi sui, recognovit coram nobis quod decimam suam de Berlete habebat ecclesia Attrebatensis pro LXX marchis pagamenti, nomine pignoris obligatam *etc*... et super hoc plegios dedit Gamelonem de Longovado et Johannem de Esquavies, ita quod licet idem Johannes non posset plegiare pro aliquo. Promisit tamen quod de suo acciperentur x. marche. Dictus etiam Walterus, fide data et juramento corporaliter prestito, firmavit se conventionem predictam inviolabiliter servaturum et quod predictos Egidium et Johannem et Gamelonem ab hac conventione sine damno liberaret. Sciendum est autem quod hec decima de anno in annum in festo S^{ti} Remigii est redimenda. Ut igitur, *etc*... Actum anno Domini M°. CC°. XIII°, mense Julio.

129

Folio 66, verso.

1213, 14 *juillet*. — Baudouin, châtelain de Lens, notifie la vente d'une dîme à Drocourt, consentie par Bertoult de Drocourt, son vassal, au profit de l'église d'Arras, pour la somme de 320 marcs d'argent.

Ego Balduinus, castellanus Lensensis, notum facio presentibus et futuris quod Bertulfus de Dreaucurt, homo meus, de assensu et voluntate mea et fratrum suorum, scilicet Hugonis Lagan, militis, Thome, Balduini et Eustacii, totam decimam suam quam in territorio de

Dreaucurt de me tenebat in feodum, quam videlicet ecclesia Attrebatensis pignori obligatam tenuerat, eidem ecclesie pro trecentis et viginti marchis pagamenti vendidit et in manu domini Attrebatensis episcopi omnino werpivit, ab ecclesia jam dicta sine omni justicia, servicio et exactione libere et quiete perpetuo possidendam, etc... Sciendum quoque quod homines mei, pares ipsius Bertulfi, de consilio bonorum virorum, judicaverunt quod sepe dictus Bertulfus, propter urgentissimam et cognitam necessitatem suam, bene et legitime poterat vendere decimam prelibatam et ecclesia in eam intrare licite ac secure, eo venditionis modo qui superius est expressus.

Nomina parium jam dictorum sunt hec : Eustachius Buhereis de Ais, Robertus de Ais, Ybertus de Laivign et Robertus de Laiving... Ad majorem etiam securitatem ego dominum episcopum Attrebatensem rogavi ut venditionem premissam ratam et gratam haberet et per suas patentes litteras confi[rma]ret. Hujus rei testes sunt : dominus Pontius, archidiaconus ; Willelmus, prepositus ; Robertus, cantor ; magistri Egidius et Petrus ; Hugo de Viteriaco et magistri Robertus de Duaco et Robertus Silvanectensis, Attrebatenses canonici. Quod ut perpetuam obtineat firmitatem, presentem cartam sigilli mei appensione munivi. Actum anno Domini Mo. CCo. XIIIo., pridie idus Julii.

Orig : Arch. du Pas-de-Calais, *Chap. d'Arras,* série G., carton C-F.

130

Folio 69, verso.

S. D. (1213, 14-30 *juillet*). — **Le même châtelain prie l'évêque d'Arras de confirmer la vente qui précède.**

Reverendo patri ac domino R., Dei gratia venerabili Attrebatensi episcopo, B., castellanus Lensensis, salutem et tam promptam quam debitam ad obsequia voluntatem. Sciat vestra veneranda paternitas quod ego venditionem decime de Draaucurt, quam Bertulfus homo meus fecit vestre Attrebatensi ecclesie, prout in autentico meo videbitis contineri, ratam habeo et concedo, et omne jus sive dominium quod in decima jam dicta habebam, eidem ecclesie omnino in perpetuum resignavi. Unde benignitatem vestram rogo attentius quatinus venditionem ipsam ratam nichilhominus habere velitis et per vestras patentes litteras confirmare.

Original : Arch. du Pas-de-Calais ; *Chap. d'Arras,* série G., carton C-F.

131

Folio 67, recto.

1213, 31 *juillet*. — **L'évêque d'Arras Raoul confirme la vente qui précède.**

R., divina permissione Attrebatensis episcopus, universis Christi fidelibus, etc... ad petitionem igitur castellani jam dicti, sicut supradiximus, premissam venditionem ratam habemus et gratam, etc... Datum anno Dominice Incarnationis Mo. CCo. XIIIo, pridie kalendas Augusti.

Original : Ibid.

132

1213, *août*. — Le prévot Guillaume, le chantre Robert et le chapitre d'Arras, inféodent à R., maire d'Aix, la moitié du manse qu'il tient d'eux en métayage. Pour l'autre moitié le dit maire paiera une rente de 4 mencauds de froment.

Willelmus prepositus, R. cantor et universum Attrebatensis ecclesie capitulum, *etc*... Notum fieri volumus... Quod nos dilecto homini nostro R., maiori de Ais, de communi assensu capituli nostri dedimus in feodum medietatem sui mansi quem de nobis tenebat ad societatem. Mansus autem ille quatuor tenet mencoldatas terre. Medietatem vero aliam, scilicet duas mencoldatas terre, donavimus ei ad redditum quatuor mencoldorum frumenti prebende, annis singulis solvendorum, et quinque solidorum de relevamine, quotiens dictas duas mencoldatas contigerit relevari. Si autem dictus R. maior vel ejus heres de solutione dictorum quatuor mencoldorum seu quinque solidorum de relevatione in aliquo deficeret, nos totum suum mansum et quodcumque supra mansum inveniremus, pro nostro redditu seu relevatione saisiremus. Ego vero Willelmus prepositus, de consensu capituli concessi eidem maiori circiter decem mencoldatas terre arabilis ad preposituram pertinentis, site in territorio de Ais, pro octo mencoldis singulis annis solvendis, medietate frumenti, medietate autem ratione prebende et septem solidos de relevatione... Datum anno Domini millesimo, ducentesimo, tercio decimo, mense Augusto.

133

1213, *25 août*. — Raoul, évêque d'Arras, fait diverses donations au chapitre.

R., divina permissione Attrebatensis episcopus et Willelmus prepositus, Bartholomeus decanus, et universum hujus ecclesie capitulum *etc*... Sciat fidelium universitas quod ego Radulphus episcopus dedi capitulo Attrebatensi sexaginta solidos quos episcopo debebat annuatim solvendos pro monasterio Beati Vedasti de ecclesia Sti Maurichii, quorum LXa. solidorum triginta solidi singulis annis distribuentur canonicis, capellanis et clericis qui in die festo Omnium Sanctorum matutinis intererunt; ita quod canonici xxti. solidos, capellani autem et clerici residuos x. solidos habebunt. Alii vero xxxa. solidi distribuentur in hoc modo canonicis, capellanis et clericis qui in die festo Nativitatis Dominice intererunt matutinis. Preterea ego dedi eidem capitulo quadraginta solidos annuatim de custodia Attrebatensi solvendos, nisi eos alibi accipiendos assignavero, singulis annis distribuendos canonicis, capellanis et clericis qui matutinis interfuerint in die festo beati Amati confessoris.

Preter hoc dedi canonicis unum modium frumenti singulis annis accipiendum in grangia nostra Attrebatensi, ad obitum predecessoris nostri, felicissime memorie domini Petri, assignatum.

Ad hoc dedi capitulo sepe dicto centum libras, de quibus impignoravi decimam Johannis militis de Gombecurt, jacentem in territorio de Buscoi, pro obitu Soifredi, domini de Capelleto

Cornuto, patris mei, et pro obitu matris mee, domine ejusdem loci, annuatim faciendis ; ita quod in obitu jam dicti patris mei canonicis qui intererunt eidem distribuentur xxᵗⁱ. mencoldi frumenti et decem solidi capellanis et clericis qui similiter obitui erunt presentes et quinque solidi ad panem pauperibus distribuendum. Simili modo in obitu matris mee distribuentur xxᵗⁱ. mencoldi frumenti canonicis et x. solidi capellanis et clericis et v. solidi in pane pauperum..... Actum anno Dominice Incarnationis Mᵒ. CCᵒ. XIIIᶜⁱᵐᵒ., mense Augusto, VIIIᵒ. kalendas Septembri.

134

Folio 71, verso.

1213, *octobre.* — Léonie, femme de Garnier d'Ecoust, chevalier croisé, notifie qu'Hugues Havet d'Ecoust, a engagé la moitié de la dîme d'Ecoust au profit de l'église d'Arras, en garantie d'une somme de 100 marcs d'argent.

Ego Leonia, uxor Warneri de Escout, militis, peregrinationem agentis in partibus Iheroso-lomitanis, notum facio presentibus et futuris quod Hugo Haves de Escout, homo dicti domini mei mariti et meus, de bona voluntate et consensu meo et Juliane uxoris sue, medietatem decime de Escout quam de prefato domino meo ac de me tenebat in feodum, ecclesie Attrebatensi pro C. marchis pagamenti, titulo pignoris obligavit, ab instanti festo Sᵗⁱ Remigii in octo annos et non ante, et illis elapsis, de anno in annum in eodem festo redimenda, *etc...* Nec est pretermit-tendum quod Ysaac, miles, Alardus de Baencurt, Godardus de Escout et Petrus, filius Floridi, ligii homines domini mariti mei, et Warnerius de Escout, et Hugo Torellus, homines silicet domini mei, pares sepe dicti Hugonis, propter hoc in mea presentia convocati et a me tanquam domina adjurati, prehabito bonorum ac prudentium virorum consilio, judicaverunt quod sepe nominatus H., propter suam urgentissimam et cognitam necessitatem, bene ac legitime poterat dictam decimam Attrebatensi ecclesie pignori obligare *etc...* Ut igitur *etc...*, ad petitionem ipsius H. Havet et J. uxoris sue, presentem cartam fieri feci sigilli mei munimine roboratam, subscriptis nominibus illorum qui interfuerunt, quorum hec sunt nomina : Willelmus, prepo-situs ; Robertus, cantor ; magistri Petrus, Egidius et Asso ; Gillebertus, Hugo de Vitriaco, Ermenfridus, magister Robertus de Duaco, canonici ; et Willelmus Amions, capellanus Attre-batensis, Egidius de Berlete, miles, Henricus Al Sac et Richerus Amions, laici. Actum anno Domini. Mᵒ. CCᵒ. XIIIᵒ., mense Octobri.

135

Folio 71, recto.

1213, *28 octobre.*— Le sire de Neuville notifie, en l'approuvant comme suzerain, l'aliénation de la moitié de la dîme d'Ecoust, faite par Hugues Havet d'Ecoust, chevalier, au profit du chapitre d'Arras.

Ego, dominus de Novavilla, notum facio tam presentibus quam futuris quod invadiationem medietatis decime jacentis in territorio de Escout, quam Hugo Haves de Escout, miles, fecit capitulo Attrebatensi, de assensu Leonie uxoris Warneri de Escout, militis, de qua in feodum

decima jam dicta tenetur, ego, tanquam superior dominus, a quo videlicet tenementum illud
descendit, ratam habeo et concedo. Quod ut memoritur *etc*... Actum anno Domini millesimo
ducentesimo tercio decimo, quinto kalendas Novembris.

136

Folio 70, recto.

**1213-1214, *avril*. — Odon, abbé de Saint-Vaast, notifie que l'évêque, le chapitre d'Arras
et Jean Le Maire, Hugues Gay et Gilles, maire de Marœuil, ont vendu un cens à son abbaye.**

Odo, divina miseratione S^{ti} Vedasti Attrebatensis abbas humilis et totus ejusdem loci conventus, *etc*. Scire volumus universos, tam presentes quam posteros presentem paginam inspecturos, quod nos de unanimi et communi assensu, propter evidentissimam et cognitam ecclesie
nostre utilitatem, census quos venerabilis pater et dominus episcopus et canonici Attrebatenses
tenebant et illos pariter quos legii homines ejusdem episcopi, Johannes videlicet Maior, Hugo
Gayus et Egidius, maior de Mareolo, de eodem episcopo tenebant in feodum et a censuariis suis
recipiebant, ad perpetuam censam accepimus ab eisdem pro xx^{ti} libris annuatim eis perpetuo
exolvendis, de quibus xx^{ti} libras assignavimus dominum episcopum et capitulum Attrebatensem
de vii. libris, videlicet dominum episcopum, de lx. solidis, et capitulum de iiii^{or}. libris ad octo
libras quas idem capitulum nobis annuatim reddebat pro ecclesia S^{ti} Maurichii Attrebatensis,
ita quod nos penitus quitavimus, tam ecclesiam S^{ti} Maurichii, quam capitulum Attrebatense, de vii. libris dictarum viii^{cto}. librarum, retinentes tantummodo residuos xx^{ti}. solidos,
nobis perpetuo singulis annis a jam dicto capitulo exolvendos. Ad hec nos assignavimus supra-
nominatum Hugonem Gayum de residuis xiii^{cim}. libris ad omnia bona nostra que habemus,
tam mobilia quam immobilia, apud Sanctum Albinum extra Attrebatum, ut eidem H. et ejus
heredi, de bonis illis perpetuo exolvatur ad plenum xiii^{cim}. librarum medietas, vi. videlicet
libre et x^{cem}. solidi in festo nativitatis beati Johannis Baptiste et alie vi. libre et x^{cem}. solidi infra
octabas Natalis Domini proximo subsequentis, *etc*... Fratribus nostris presentibus quorum
nomina subscripta sunt et signa. S. Martini prioris. S. Johannis supprioris, Roberti tercii prioris,
Martini cantoris, Wenemari, Willermi prepositi de Haspera, et Gerrici prepositi S^{ti} Michaelis,
presbiterorum. S. Walleri, Werrici, Drogonis, Gerardi, Lamberti, Willermi et Henrici. dyaco-
norum. S. Stephani, Odonis, Nicholai, Hugonis, subdyaconorum. S. Petri, Henrici et Hellini,
puerorum. S. Vedasti, Balduini, Roberti, Juliani, monachorum conversorum. Actum anno gratie
millesimo. ducentesimo. tercio decimo. mense Aprili.

137

Folio 72, verso.

**1214, *janvier*.— Raoul, évêque d'Arras, notifie que Garnier d'Ecoust, du consentement de
Pierre, son fils, et d'Hugues Havet, son seigneur, a engagé pour 100 livres par., une rente de
3 muids de blé, assise sur la dîme d'Ecoust. Il ratifie cet acte.**

R., *etc*... Sciat universitas vestra quod Garnerus de Escout, de bona voluntate sua et consensu
filii sui Petri nec non et Hugonis Havet, domini sui, tres modios bladi quos singulis annis

accipiebat in decima de Escout, propter, necessitatem suam, coram officiale nostro ecclesie nostre Attrebatensis, pro centum libris parisiensium ecclesie pignori obligavit, ab instanti festo Omnium Sanctorum in quinque annos et non ante, et, illis elapsis, de anno in annum, in eodem festo de pretaxata pecunia redimendos. Pares etiam ipsius Hugonis Havet, de quo videlicet dictus Garnerus illos tres modios bladi tenet, scilicet dominus Gamelo de Escout, miles, et Petrus filius Floridi, prehabito bonorum ac prudentium virorum consilio, judicaverunt, etc...

Hujus rei testes sunt : Bartholomeus decanus ; Hugo de Vitriaco et Gillebertus, presbiteri ; Johannes Crispinus et magister Robertus de Duaco, dyaconi et canonici ; Walterus de Sancto Leodegario ; Philippus de Goi et Renardus de Berla, presbiteri ; dominus Eustacius de Nova-villa junior, miles, et Henricus Al Sac, civis Attrebatensis.

Nos autem premissam obligationem concedimus et laudamus, etc... Actum anno Dominice Incarnationis millesimo ducentesimo tercio X°., mense Januario.

138

Folio 72, verso.

1214, février.—Le prévôt Guillaume, le doyen Barthélemy et le chapitre d'Arras, notifient qu'ils ont affermé à Robert, leur hôte, leurs terres et leur dîme de Wancourt, pour le prix de 28 livres par., une livre de cire et une livre de poivre, payables à la Saint-André.

Willelmus prepositus, B[artholomeus] decanus, totumque quod cum eis est Attrebatensi ecclesie capitulum etc... Sciat universitas vestra quod nos dilecto hospiti nostro Roberto, guardoni de Wankurt, dedimus ad censam terras nostras et decimam de Wankurt, a festo beati Andree apostoli, nuper preterito, in sex annos pacifice possidendas, pro xxᵗⁱ. viiiᵗᵒ. libris parisiensium et una libra cere et una libra piperis, singulis annis solvendis. Retinuimus tamen nobis omnia ville relevamina, obventiones et redditus etc... Datum anno Domini M°. CC°. XIII°. mense Februario.

139

Folio 75, verso.

1214, juin.—Raoul, évêque d'Arras, notifie que Norsendis, veuve de Godard de Bienvillers, ayant l'intention de se remarier, a donné au chapitre son manse et un muid de terre à Bienvillers, avec réserve d'usufruit, et qu'elle a fondé un obit dans la Cathédrale, pour son feu mari.

R[adulphus], etc. Sciant presentes pariter et futuri quod dilecta in Christo Norsendis, quondam uxor Godardi de Buionvileir, defu[n]cto eodem in transmarinis partibus, viro suo, nolens in viduitate permanere, se et omnia sua, scilicet mansum suum et unam modiatam terre apud Buionviler cum universa que possidet et que est deinceps possessura, capitulo Beate Marie Attrebatensis in puram elemosinam contulit et concessit, ita tamen quod quandiu vixerint, omnium bonorum suorum integra perceptione gaudebit. Pro ce[le]brando autem ejusdem viri sui obitu, IIII°. kalendas Novembris, ipsa decem solidos dicto capitulo dedit... Post mortem vero suam omnia sua ad ipsum capitulum integre revertentur, de quorum proventibus tam suis quam viri sui obitus instituetur in Attrebatensi ecclesia perpetuo celebrandus... Actum anno Dominice Incarnationis M°. ducentesimo quarto decimo, mense Junio.

140

Folio 78, verso.

1214, *juin*. — L'évêque d'Arras Raoul, pris comme arbitre entre Simon de Fresnicourt et le chapitre d'Arras, au sujet de la possession de cinq mencaudées de terres sises à Fresnicourt, déboute ledit Simon de ses prétentions.

R., divina permissione Attrebatentis episcopus, *etc*... Sciat fidelium universitas quod cum controversia inter Symonem de Fressincort, ex una parte, et capitulum Attrebatense, ex altera, verteretur super quibusdam terris sitis in territorio de Fressincurt, continentibus circiter quinque mencaldatas terre, quarum tres sunt ad societatem, due autem de dominico, quas idem Symon dicebat memorato capitulo fuisse pignori obligatas... Nos vero... capitulum ipsum ab impetitione sepe nominati Symonis absolvimus... Datum anno Dominice Incarnationis M°. CC°., quarto decimo, mense Junio.

141

Folio 78, verso.

1214-1218. — Le prévôt Guillaume, le doyen Barthélemy et le chapitre d'Arras notifient que l'écolâtre, Mre Gilles d'Hénin, a légué au chapitre le quart de la dîme de Souastre.

W. prepositus, B. decanus *etc*... Sciat fidelium universitas quod Karissimus noster magister E. de Henin, scolaticus et concanonicus noster, illam quartam partem decime jacentis in territorio de Sowaste quam tenet sibi a domino Guidone, domino ejusdem ville, pro centum libris parisiensium titulo pignoris obligatam, nostre legat ecclesie in hunc modum, quod post decessum ejus x. mencaldi ad mandatum in quadragesima pauperibus erogentur ; residuum vero ejusdem decime in duas partes equaliter partietur, ita quod una medietas in die obitus jam dicti magistri canonicis qui intererunt distribuetur, reliqua autem medietas in duo similiter equalia dividetur, quorum una medietas in anniversario Amolrici, quondam patris ipsius E., scilicet ix. kalendas februarii ; altera vero medietas, in obitu Ade, quondam matris ejusdem magistri, videlicet vii°. kalendas martii, in distributionem canonicis qui interfuerint convertetur. Concessimus et eidem magistro quod si decimam antedictam redimi contigerit, quamdiu penes nos predictarum c. librarum portio remanebit, singulis annis xxv. mencaldi de communi vestro, due partes frumenti et tercia avene distribuentur ; decem scilicet mencaldi ad mandatum, quinque in obitu ejusdem E., cum decesserit, quinque in obitu patris sui, et reliqui quinque in anniversario matris sue.

142

1214, *septembre.* — Le prévôt, le doyen et le chapitre d'Arras déterminent les règles relatives à la présence et à l'absence des chanoines.

W. prepositus, B. decanus totumque Attrebatensis ecclesie capitulum, omnibus Christi fidelibus ad quos presentis scripti noticia pervenerit, salutem in Domino.

Ne noverca memorie oblivio processu temporis reducere possit in scrupulum recidive quotannis quod semel bene diffinitum est et ab omnibus concorditer approbatum, iccirco memorialiter scripture testimonio commisimus quod nuper statuimus super residentia nostre Attrebatensis ecclesie, usque ad terminum firmiter observanda. Noveritis igitur quod cum de certa statione inter nos facienda communiter tractaremus, tandem in dominum R., cantorem nostrum, et magistrum E. de Henin et dominum H. de Vitriaco, compromississimus in ea fide et juramento quo nostre tenemur ecclesie, promittentes quod quidquid ipsi super dicta statione statuerent, nos inviolabiliter observaremus usque ad tres annos, a festo beati Johannis Baptiste proxime preterito computandos. Illi autem, notis omnium residentium diligenter auditis, pronuntiaverunt hoc modo : omnis noster concanonicus est foraneus si stationarius esse noluerit die Nativitatis beati Johannis Baptiste. Hora capituli in capitulo se presentare debet et stationem suam offerre. Quod si non fecerit illo anno, foraneus erit. Ad hoc autem, ut aliquis sit stationarius, oportet ut sit residens in ecclesia per duas partes anni et in tercia parte poterit equitare vel alibi moram facere, prout sederit sue voluntati ; ad hoc autem, ut dies, quum veniet ad ecclesiam vel quum recedet, computetur ad stationem faciendam, duo sunt necessaria, quod eadem die uni hore se representet et quod in districto domini episcopi pernoctet prima nocte adventus sui et nocte precedenti, quando recedet.

Si aliquis concanonicus noster post Nativitatem beati Johannis Baptiste, sed ante kalendas Augusti decesserit, de frumento et avena illius anni nichil habebit. Si post kalendas Augusti, sed ante Assomptionem beate Marie mortuus fuerit, bladi medietatem habebit, secundum statum sue conditionis. Verum si die Assomptionis, vel post, decesserit, totum mortuus recipiet quod reciperet vivus, salvis indulgentiis a nostro capitulo approbatis, vel deinceps approbandis.

Assignamenta frumenti et avene distribui debent in vigilia Assumptionis beate Marie. Brevia cere, censarum et piperis et caponum distribuantur singulis annis in vigilia Omnium Sanctorum ; cera vero parochiarum tribus terminis distribuantur stationariis : in vigilia sancti Martini, item ante kalendas Martii et item in Junio ante festum Sti Johannis. Omnes autem, qui judicati fuerint foranei, reddere debent quidquid plus quam foranei receperunt. Scolares, si in scolis moram fecerint usque ad festum Omnium Sanctorum, loco caponum distributionem denariorum, ut solent, duplo quam foranei, sed sex solidos et octo denarios habebunt, et si ante distributionem brevium redierint et nobiscum moram fecerint, ut stationarii, cere, piperis et caponum integrum recipient assignamentum. Si vero post distributionem venerint et ut stationarii nobiscum manserint, futuras habebunt distributiones. Si autem super foraneitate, seu de distributione, vel aliquo alio articulo ad hanc novam stationem pertinente aliqua questio processu temporis emerserit, ad supradictos concanonicos nostros pertinebit diffinitio questionis, ita quod nulli licebit a dicto seu sententia duorum aut trium appellare vel aliquatenus convenire.

13

Item sciendum est quod nuper in kalendis Augusti statutum fuit et ab omnibus stationariis concorditer approbatum quod in kalendis mensium et eo tempore quando cense debent donari ad firmam, campana capituli tercio pulsabitur cum intervallo mediocri, et, qui infra terciam pulsationem capitulum non intraverit, kalendam perdet et sua contradictio super hoc quod factum est non valebit. Si vero extra villam est, durante capitulo si venerit, in nullo punietur, sed tamen recipiet quantum primus.

Actum anno Incarnationis Domini M°. CC°. quarto decimo, mense Septembri.

143

Folio 74, verso.

1214, *septembre*. — **Le prévôt Guillaume, le doyen Barthélemy et le chapitre d'Arras notifient que Bauduin d'Estrées a vendu à Jean d'Hersin une terre tenue en fief de Nicolas d'Etrayelles.**

W. prepositus, B. decanus *etc.* Noverit universitas vestra quod cum Balduinus de Estrees partem terre sue quam in feodum tenebat a Nicolao de Estraele, octo mencoldatas continentem et tres hospites, Johanni de Hersin vendidisset et de consensu Hermengardis (1), uxoris sue, et Gertrudis, filie et heredis sue, legitime werpivisset, dictus Nicolaus de Estraele terram eamdem cum hospitibus per ramum et cespitem super altare Beate Marie posuit et nobis in elemosinam contulit, presentibus hominibus suis et dicti Balduini paribus, Hugone de Rollecort, Hugone de Feuvrin, Johanne Fourdin et Herberto de Estrees, et judicantibus tam venditionem predictam quam collationem in elemosinam recte et legitime factas esse et nos legitime posse intrare in elemosinam antedictam. Nos vero dictam terram cum hospitibus contulimus domino Johann; de Hersin sub annuo censu duodecim denariorum singulis annis in festo S^ti Remigii nostre ecclesie solvendorum. Pro relevamine etiam illius terre duo solidi solventur quotiens eam contigerit relevari, *etc...* Actum anno Domini M°. CC°. quarto X°, mense Septembri ; presentibus preposito, decano, Hugone de Vitriaco et Herberto, canonicis Attrebatensibus ; Johanne Thoma et Helgoto, clericis ; Petrus de Hersin et dicto Nicolao de Estraele, cum suis hominibus supradictis.

144

Folio 73, verso

1215, *août*. — **L'évêque d'Arras Raoul, voulant terminer le procès pendant entre le chapitre et Belle, veuve du clerc Jean d'Hubert, après information, donne gain de cause au chapitre.**

R., divina permissione Attrebatensis episcopus, *etc.* Noverit universitas vestra quod cum capitulum nostrum Attrebatense coram nobis traxisset in causam Belam, mulierem relictam

(1) *Cart.* : Hermengardii.

Johannis Huberti clerici, super quibusdam redditibus quos ecclesia jam dicta dicebat ad se pertinere, morte jam dicti Johannis lite contestata coram nobis et testibus ab ecclesia productis, examinatis diligenter et publicatis attestationibus et omnibus recte actis..., nos tandem de prudentium consilio adjudicavimus per diffinitivam sententiam redditus illos ecclesie antedicte. Actum anno Domini M°. CC°. XV°., mense Augusto.

145

Folio 74, recto.

1216, *janvier.* — Le prévôt Guillaume, le doyen Barthélemy et le chapitre d'Arras notifient l'accord intervenu sur un différend pendant entre eux et Jacques le Ricque.

W. prepositus, B. decanus cum universo Attrebatensis ecclesie capitulo, omnibus quibus litteras presentes videre contigerit, in Domino salutem.

Noverit universitas vestra quod cum questio verteretur inter nos ex una parte et Jacobum cognomine Divitem, ex altera. super tribus solidis quos domina Agnes, relicta Walteri de Attrebato, nobis in elemosinam legaverat et assignaverat super quendam mansum apud Mellens, quem dictus Jacobus de feodo suo quem de S^{to} Vedasto tenebat esse dicebat, asserens nichil nobis posse dari super feodum suum, nisi de consensu ipsius ; tandem amicabiliter compositum est inter nos, ita quod nos dictos tres solidos et predictum mansum ei libere quitavimus et ipse nobis concessit et in perpetuam elemosinam dedit, assensu uxoris sue, coram scabinis Attrebatensibus, duodecim denarios qui ei debebantur de quadam domo, que est juxta pontem ante Sanctum Aubertum, quos idem Jacobus emerat a Hugone Goubart de Aiscie et alios duodecim denarios et duos capones qui debentur de domo Benedicte juxta portam de Haiserue, hoc adjecto quod quidquid de cetero contingat, vel de redditu nobis assignato, vel de predicto manso de Mellens, nec ipse vel heres ejus nobis, nec nos ipsis de aliquo dapno tenebimur respondere.

Actum anno Domini M°. CC°. XV°., mense Januario.

146

Folio 74, verso.

1216, *janvier.* — Les mêmes font connaître que le clerc Nicolas Le Chauve a concédé à Sainte, fille d'Ernauld, sa terre d'Achiet, et qu'au décès dudit Nicolas la terre susdite retournera au chapitre.

W. prepositus et B. decanus, *etc...* Noverit universitas vestra quod Nicolaus Calvus, clericus, terram quam tenebat apud Aisseie, que fuit Balduini Molendinarii, quam ad nos redire debet post decessum ejus et cujusdam consanguinei sui filii Marie de Portis, si clericus fuerit, de assensu et voluntate nostra concessit Sainte mulieri, filie Ernaldi, pro tribus et dimidio mencoldis frumenti, in festo Sancti Remigii, et duobus caponibus, in Natali solvendis, tali conditione, quod quando voluerit dicta Sainta vel heres ejus, in una mencoldata illius terre, cujus mencoldate terragium emit a dicto Nicolao, edificium suum poterit ponere, et nos eam vel heredem ejus, si in ea manserit, secundum usus et consuetudines aliorum hospitum ecclesie tenebimur garandire.

Preterea notandum quod si dicti Nicolai consanguineus filius, videlicet Marie de Portis, clericus non fuerit, vel si clericus factus postmodum uxorem duxerit, nichil postea juris in predicta terra habebit, vel in redditu illius terre, sed ad ecclesiam nostram libere revertetur.

Actum anno Domini M°. CC°. XV°., mense Januario.

147

Folio 75, verso.

1216, *13 janvier*. — Eustache de Neuville notifie que Mathieu Prunes, de Riencourt, a vendu diverses terres à Wautier Tilloi, bourgeois d'Arras.

Ego Eustacius, dominus de Noveville, notum facio omnibus presentem paginam inspecturis quod Matheus Prunes de Riencort, homo meus, assensu Marie uxoris sue, vendidit Waltero de Tilloi, civi Attrebatensi, tres mencoldatas terre, viginti quadragenas terre pro qualibet mencoldata. Hec terra est ad viam de Hendicort et de Chuawengnicort et illam de me tenebat... Preterea sciendum est quod dictus Matheus XXII. mencoldatas terre et dimidium que sunt per sex loca : scilicet ad locum qui dicitur Li Sois Walket, quatuor mencoldatas et dimidiam ; ad campum qui dicitur Ataut Semence, III. mencoldatas ; ad locum qui dicitur As Quartiers, IIII. mencoldatas ; ad locum qui dicitur le Corbe Spine, III. mencoldatas ; ad canpum qui dicitur Au Pire, IIII. mencoldatas ; et ad locum qui dicitur as Eirwis, IIII. mencoldatas, cum terragio quod habet in terra Heslini de Attrebato et in terra Walteri de Contehem, Marie uxori concessit in dotem.

Marie prend l'engagement de ne jamais invoquer ses droits dotaux pour contredire à la vente qui précède et Eustache de Neuville, renonçant également à ses droits sur lesdites terres, les concède à Wautier de Tilloi, à charge de les tenir de l'église d'Arras.

Hoc autem factum est in testimonium hominum meorum, qui pares sunt ipsius Mathei, scilicet Eustacii Busine, Warneri Buisine, Walteri de Tievre, Raineri militis de Novavilla... Actum anno ab Incarnatione Domini M°. CC°. quinto decimo, mense Januario, in crastino S^ti Hylarii.

148

Folio 74, recto.

1216, *1er février*, Arras. — Le prévôt Guillaume, le doyen Barthélemy et le chapitre d'Arras notifient que Monchel et ses dépendances, à l'exception du moulin et du vivier, ont été donnés au chanoine M° Gilles d'Hénin, moyennant une redevance de 56 mencauds de froment et d'avoine et deux livres de poivre et de cire.

W. prepositus, B. decanus, *etc*... Noverint universi quod cum Moncellus cum omnibus pertinentiis suis, exceptis molendino et vivario, dilecto et concanonico nostro magistro Egidio de Henin datus esset, ad legem capituli tenendus pro quinquaginta sex mencoldis frumenti prebendalis et totidem avene et duabus libris cere et duabus piperis, annuatim secundum consuetudinem capituli persolvendis, ipse nos nuper rogavit ut ei liceret de assensu nostro dictum

Moncellum dare ad censam usque ad sex annos... Nos igitur... ipsum in sua petitione liberaliter exaudivimus et gratanter... Datum in capitulo nostro anno Domini M°. CC°. quinto decimo in sollempni, kalendis Februarii.

149

Folio 75, recto.

1216. — Le chanoine Guy notifie que le chapitre lui a donné divers livres, à charge de restitution après sa mort.

Magister Guido, Attrebatensis ecclesie humilis concanonicus omnibus Christi fidelibus, *etc.* Noverit dilectio vestra quod capitulum nostrum Attrebatense mihi tradidit epistolas Pauli glosatas de Magna Glosatura et tres ewangelistas glosatos et xii^cim. prophetas glosatos in uno volumine; quorum voluminum debeo habere usumfructum quamdiu vixero. Teneor autem providere ut predicti libri post mortem meam in expensis meis, non dampnificato predicto capitulo, restitutuantur. Si vero predicta volumina, quod Deus avertat, in mea manu deperderentur, omnia bona mea ubicunque sint predicto capitulo obligavi ad duodecim libras parisiensium solvendas eisdem post mortem meam in meis expensis.

Super his litteras magnas eis feci meo signatas sigillo. Actum anno Incarnati Domini M°. CC°. XVI°.

130

Folio 78, recto.

1217, *avril*. — Hellin de Gauchin notifie que Wibert de la Place, son vassal, a engagé sa dîme de Gauchin envers l'église d'Arras, pour la somme de 12 livres parisis.

Ego Hellinus de Gaucin notum facio presentibus et futuris quod Wibertus de Platea, homo meus, de voluntate et assensu meo et uxoris sue, totam decimam quam in territorio de Gaucing de me tenebat in feodum, ecclesie Attrebatensi, pro xii^cim. libris parisiensium, titulo pignoris obligavit... Ad majorem insuper securitatem Robertus des Wes, Robertus Morellus et Walterus Renars, homines mei, pares ipsius Wiberti, a me tanquam domino propter hoc adjurati, judicaverunt quod sepedictus Wibertus bene ac legitime poterat facere pignus istud et ecclesiam in ipsam decimam intrare licite... Actum anno Dominice Incarnationis M°. CC°. XVII°. mense Aprili.

Vidimus : Arch. du Pas-de-Calais, *Chapitre d'Arras*, série G., carton F-H. (*Vidimus de l'évêque Raoul, de sept. 1217*).

151

1217, *juin.* — Le prévôt Guillaume, le doyen Barthélemy et le chapitre d'Arras approuvent les dispositions relatives aux dîmes d'Achiet et de Bihucourt acquises de Lambert d'Isel, ancien chanoine d'Aire, ainsi qu'il appert des lettres délivrées à ce sujet par l'évêque d'Arras et le chevalier Robert de Suzanne.

W. prepositus, B. decanus *etc*..... Noverint universitas vestra quod cum tam super decima de Aissee et de Bihiercort, a domino Lamberto de Yser quondam Ariensis canonici comparata, sicut in litteris domini Attrebatensis episcopi ac Roberti de Susana, militis, inde confectis, plenius continetur, quam super tribus mencoldis frumenti de redditu ab ipso acquisitis ibidem, dum viveret, idem L. disposuerit ut ejusdem decime fructus cum tribus dictis mencoldis Nicolaus, nepos ejus, clericus, qui cognominatur Calvus, toto tempore vite sue percipiat, et post ipsius N. decessum unus de pueris Nicolai de Portis et Marie, quondam neptis predicti Lanberti, si clericus fuerit et uxorem non duxerit, fructus jam dictos tota vita sua libere percipiat et quiete, ita quod post utriusque decessum eadem decima cum memorato redditu ad nostram revertat ecclesiam. Nos prelibatam ordinationem ratam habemus et gratam, *etc*... Datum anno Domini Mº. CCº. XVIIº, idus Junii.

152

1217, *17 mai.* — L'évêque d'Arras Raoul confirme l'acte par lequel le clerc Nicolas Le Chauve a concédé sa terre d'Achiet (Nº 146).

... Datum anno Verbi Incarnati Mº. CCº. XVIIº., XVIº. kalendas Julii.

153

1217, *août.* — Le même évêque notifie que Jean Maraduis, clerc d'Arras, a transmis à l'église d'Arras ses droits sur la dîme d'Ayette, engagée entre ses mains par Roger Freuchin.

R., divina permissione Attrebatensis episcopus, *etc.* Noverit fidelium universitas quod Johannes Maraduis, clericus de Attrebato, in nostra presentia constitutus, quicquid juris habebat in decima de Aeste, quam pignoris nomine tenebat a Rogero Freuchin, sibi obligatam pro xxvi. marchis et uno fertone fini argenti, in manu nostra libere, ad usum Attrebatensis ecclesie, resignavit *etc*... Actum anno gratie Mº. CCº. XVIIº., mense Augusto.

134

1217, *septembre*. — Le même évêque confirme la charte par laquelle Wibert de la Place a engagé sa dîme de Gauchin envers l'église d'Arras (N° 150).

R., dei gratia Attrebatensis episcopus *etc*. Noverint universi quod Wibertus de Platea, homo Hellini, domini de Gaucin,*etc*. Ut autem hec conventio rata et firma habeatur, ipsam confirmavimus et presentem cartam, super hoc confectam, sigilli nostri duximus munimine roborandam.

Actum anno gratie M°. CC°. septimo X°., mense Septembri.

Orig. : ARCH. DU PAS-DE-CALAIS, série G, carton F-H.

135

1217, *septembre*. — Le même évêque confirme l'acte par lequel Jean, ancien doyen de la cathédrale, a légué la somme de 40 livres parisis à Jean, son neveu, avec retour au chapitre à la mort de celui-ci.

R., *etc*. Noverint universi presentem paginam inspecturi, quod Johannes bone memorie, quondam decanus Attrebatensis, Johanni nepoti suo XL. libras legavit ad emendos redditus sive obligandos, quos tota vita sua possidebit, et post decessum ejus ad capitulum revertentur. Preterea B., pater Johannis, nepotis decani, prenominatis XL. libris alias XXIII. libras adjunxit et illas cum XL. libris sepedictis posuit in decima de Vilers juxta Carenci, concedens filio suo illas XXIII. libras, sicut reliquas possidendas ; et de eis sepe dictus J., pro arbitrio suo, poterit in ecclesia ordinare, sive ad obitum patris sui et matris sue faciendum, sive ad aliud, prout voluerit, ordinandum. Hoc autem totum in autentico predicti decani plenius continetur, cujus seriem huic nostre carte duximus inserendam :

Omnibus Christi fidelibus ad quos presentes littere pervenerint, J., decanus Attrebatensis ecclesie, salutem in omnium salvatore. Noverit universitas vestra quod de precio domus mee quam ego vendidi B. Bardekino, civi Attrebatensi, CCC. marcis, dedi XL. libras J., nepoti meo, ad emendos redditus, sive obligandos, quos tota vita possidebit, et post decessum ejus ad ecclesiam devolventur pro anima mea et pro anima J. nepotis mei, *etc*. Actum anno Dominice Incarnationis M°. CC°. XIII°., mense Julii.

Ut autem hec donatio rata et firma habeatur, ipsam confirmavimus... Actum anno gratie M°. CC°. XVII°., mense septembri.

136

1217, *octobre*. — Le prévôt Guillaume, le doyen Barthélemy et le chapitre d'Arras, notifient que sur les trois cents livres engagées par Sagalon Cosset, bourgeois d'Arras, sur la dîme d'Agny, deux cents le sont au profit du chapitre.

W. prepositus, B. decanus, *etc*. Sciat fidelium universitas quod cum dilectus in Christo

Sagalo Cosses, de Attrebato clericus, dudum in decima de Aigni, que ad altare nostrum ejusdem loci noscitur pertinere, trecentas libras parisiensium titulo pignoris collocasset, sicut in autenticis que penes nos habemus plenius continetur, nos de ducentis libris duas partes illius pignoris recuperavimus nobisque retinuimus ita quod dilectus concanonicus noster magister Frumaldus habeat xxᵗⁱ. libras in summa pecunie pretaxate. Datum anno gratie Mᵒ. CCᵒ. septimo decimo, mense Octobri.

Orig. : ARCH. DU PAS-DE-CALAIS, *Chapitre d'Arras*, carton d'Agny.

157

Folios 80, verso, et 83, recto.

1217, *27 novembre*. — L'évêque Raoul confirme les dispositions de la charte qui précède.

R., divina permissione Attrebatensis ecclesie sacerdos humilis, *etc*... Actum anno Dominice Incarnationis Mᵒ. CCᵒ. septimo Xᵒ. mense Novenbri, quinto kalendas Decenbris (1).

Orig. : ARCH. DÉPART., *Chapitre d'Arras*, carton A.

158

Folio 80, verso.

1217, *décembre*. — Le prévôt Guillaume, le doyen Barthélemy et le chapitre d'Arras notifient que Lambert d'Isel, ancien chanoine d'Aire, a concédé les revenus de ses dîmes d'Achiet et de Bihucourt à son neveu Nicolas le Chauve.

W. prepositus, B. decanus *etc.* Noverit universitas vestra quod cum dominus Lanbertus de Yser, quondam canonicus Ariensis, tam de decima de Aissie et de Buhiercort ab eodem L. comparata, sicut in domini Attrebatensis episcopi et Roberti, militis de Susana, auctenticis continetur, quam de tribus mencoldis frumenti de annuo redditu ab ipso acquisitis ibidem, ita disposuerit adhuc vivens, ut fructus memorate decime cum dictis tribus mencoldis Nicolaus clericus nepos ejus, qui cognominatur Calvus, quamdiu vixerit percipiat, et post ipsius Nicolai decessum, unus de filiis Nicolai de Portis et Marie, neptis predicti Lanberti, qui clericus fuerit et uxorem non duxerit, fructus tota nichilominus vita sua percipiat antedictos, ita quod post decessum utriusque, tam decima quam redditus ad nostram in perpetuum ecclesiam refundant *etc.* Datum anno gratie Mᵒ. CCᵒ. septimo Xᵒ., mense Decenbri.

(1) *Variante*, folio 83 recto : « Actum anno Dominice Incarnationis M⁰ CC⁰ XVII, V⁰ kalendas Decembris.»

159

Folio 81, verso.

1218, *22 janvier*. — La Buissière. — Daniel, avoué d'Arras et seigneur de Béthune, donne aux chanoines d'Arras une rente de deux muids, de cent sous parisis, à Bruay, en échange des biens du chapitre à Nœux et ses dépendances, Quinchy, Boutimont et Praière.

... Homines autem qui debent redditum pretaxatum sunt hii : Rogerus Bordeaus debet unum modium frumenti ; Balduinus Rufus similiter debet unum modium. Traversarius vero quicunque ille fuerit, centum solidos parisiensium de traverso persolvet... Actum apud Buxeriam in domo mea, presentibus hominibus meis Hugone, castellano Attrebatensi, et Mychaele de Belesaises et aliis militibus : Roberto, fratre castellani jam dicti, Anselmo de Dours, Nicholao de Ablaign et Eustachio le Hasle, et scabinis de Bruai : Waltero Fabro, Symone Molnario, Rogero Passavant et multis aliis tam clericis quam laicis, anno Dominice Incarnationis M°. CC°. XVII°., mense Januario, xⁱᵛ kalendas Februarii, in die festo beati Vincentii.

Imprimé : DUCHESNE, *Hist. généal. de la maison de Béthune*, preuves, p. 97.
Analysé : WAUTERS, *Table chronolog. des dipl. imprimés*, t. III, p. 488.

160

Folio 82, recto.

1218, *février*. — Eustachie de Châtillon, femme de Daniel de Béthune, approuve et confirme l'échange ci-dessus.

Ego Eustacia, domini Galcheri de Castillione, comitis Sⁱⁱ Pauli, filia, uxor viri nobilis Danielis advocati Attrebatensis ac domini Bettuniensis, concessi et liberaliter approbavi..... Datum anno gratie M°. CC°. XVII°., mense Februario.

161

Folio 84, recto.

1218, *juin*. — Le prévôt Guillaume, le doyen Barthélemy et le chapitre d'Arras notifient qu'ils ont concédé à Ségard et à sa femme une terre sise à Estrées.

W. prepositus, B, decanus, *etc*... notum fieri volumus quod nos dilecto in Christo Segardo et uxori ejus, quoad vixerint, concessimus terram quamdam sitam in territorio de Strees, continentem circiter duodecim mencoldatas, pro vⁱⁱᵗᵉᵐ. mencoldis frumenti et vⁱⁱᵗᵉᵐ. avene, ad mensuram Attrebatensem, curie de Baellon singulis annis persolvendis. Postquam autem dictus Segardus et E., uxor ejus, decesserint, predicta terra cum omni melioratione quam in ipsa fecerit, ad nos libere revertetur, salvo ahennagio illius anni, cujus habebit cultor medietatem et ecclesia medietatem. Actum anno Domini M°. CC°. XVIII°, mense Junio.

14

162

1218, *juin*. — L'évêque d'Arras Raoul notifie en la confirmant la vente faite par Elie d'Estrées au profit de l'église d'Arras.

R., divina permissionne Attrebatensis episcopus, *etc*. Noverit universitas vestra quod Elyas de Estrees terram quandam sitam in territorio de Baellon, inter terras Beate Marie Attrebatensis jacentem, continentem duas mencoldatas, paulo plus, ecclesie nostre capitulo vendidit et werpivit coram nobis, et hoc recognitum in capitulo nostro coram P. et S. archidiaconis, W. preposito, B. decano, et multis aliis canonicis Attrebatensibus.

Hanc autem venditionem ratam habentes, *etc.* Actum annoDomini M⁰. CC⁰. XVIII⁰., mense Junio.

163

1218, *juin*. Arras. — Le chanoine Ermenfroid Piédargent, à la veille de partir pour la Terre-Sainte, fonde un obit anniversaire dans la cathédrale, pour le repos de son âme, s'il vient à mourir dans le voyage.

Ego Ermenfridus Pes Argenti, Attrebatensis ecclesie canonicus, *etc*. Noverit universitas vestra quod ego iter peregrinationis in Terram Sanctam arrepturus, concessi ecclesie Attrebatensi octo solidos pro obitu patris mei in domo magistri Bodonis, archidiacono Cameracensi, et in Rotunda Villa annuatim accipiendos, et post decessum meum de redditibus meis quos habeo in villa III⁰ʳ. solidos. Si vero in itinere peregrinationis mee viam universe carnis ingressus fuero, unam medietatem de omnibus redditibus meis quos habeo in Capreomonte et in Rotunda Villa et in Ardeevalle et in Castello et in aliis locis Civitatis Attrebatensis, vel extra, pro obitu meo ecclesie nostre liberaliter concessi et alteram Strumensi ecclesie medietatem, salva indulgentia quam mihi retinui in triennium ad mea debita exolvenda. Si vero rediero, de predictis redditibus, exceptis XII^cim. solidis quos sive vivens, sive moriens, concessi ecclesie Attrebatensi, prout mihi placuerit ordinabo. Ut autem *etc.* Hoc autem totum actum est in capitulo nostro coram duobus scabinis Attrebatensibus, anno Incarnationis Dominice M⁰. CC⁰. decimo octavo, mense Junio.

164

1218, *juillet*. — L'évêque d'Arras Raoul donne *vidimus* de l'acte par lequel le chapitre notifie que chaque année, au jour du décès du chapelain Amelius, on fera la commémoration des religieux de Notre-Dame de Licques.

R., divina permissione Attrebatensis ecclesie sacerdos humilis *etc*. Litteras capituli Beate

Marie Attrebatensis inspeximus in hunc modum : « W. prepositus, B. decanus, totumque Attrebatensis ecclesie capitulum *etc.* Noverit universitas vestra quod karitatis intuitu et precum domini Amelii capellani interventu, benigne concessimus quod post mortem ipsius singulis annis in die obitus sui fiet commemoratio pro fratribus ecclesie Beate Marie de Liskes sollemniter, sicut fieri solet in ecclesia nostra pro fratribus aliarum congregationum et pro anima ejusdem A. et pro animabus patris et matris sue et predecessorum suorum. Proventus autem LI. librarum quos ecclesia nostra percipiet de decima de Hellebusterne ex donatione ejusdem A. vel de aliis redditibus in quibus predicta pecunia fuerit collocata, in die obitus sui distribuentur hoc modo, quod capellani qui commendationi et misse intererunt, IIIIᵒʳ. denarios, clerici vero, III. denarios, canonici vero totum residuum habebunt... Actum anno Domini Mᵒ. CCᵒ. XVIIIᵒ mense Julio.

165

Folio 85, recto.

1218, *décembre.*— **Gilles Baliet, de Fresnicourt, et Sibille, sa femme, du consentement de Simon d'Henripret, leur seigneur, vendent, par-devant l'évêque, à l'église d'Arras, leur dîme de Fresnicourt.**

R. divina permissione Attrebatensis episcopus, *etc.* Sciat fidelium universitas quod Egidio Baliet de Fresincort cum Sibilla uxore sua et Symone de Henripre, domino eorumdem, in nostra propter hoc, Attrebati, presentia constitutis, idem E. et S. decimam quam se in territorio de Fresincort ad ipsam S. jure hereditario devolutam de jam dicto S. in feodum tenere dicebant, ecclesie nostre Attrebatensi bene ac legitime vendiderunt... Ad majorem insuper securitatis cautelam homines memorati : S. scilicet, Eustacius de Ruit, Everardus de Henripre et Amolricus de Henripre, pares ipsius Egidii, dixerunt per judicium quod hec venditio et guerpitio in elemosinam bene ac legitime facta erat... Datum anno gratie Mᵒ. CCᵒ. XVIIIᵒ., mense decembri.

Analysé : Cᵗᵉ Ch. d'HÉRICOURT, *Dict. hist. et arch. du Pas-de-Calais*, Béthune, t II, p. 42.

166

Folio 81, verso.

S. D. (1218).— **Le prévôt Guillaume, le doyen Barthélemy et le chapitre d'Arras notifient qu'ils ont cédé à Daniel de Béthune leurs droits sur Nœux et ses dépendances : Quinchy, Boutimont et Praière, à l'exception de la dîme, de l'autel et du presbytère, et en échange d'une rente de deux muids de froment et de cent sous parisis.**

W. prepositus, B. decanus cum universo Attrebatensis ecclesie capitulo... Noverit fidelium universitas quod nos concessimus viro nobili et dilecto in Christo Danieli, Attrebatensi advocato ac Bietunie domino et heredibus suis, redditus et jura que habebamus in villa de Nue, cum pertinentiis videlicet de Quinci, de Botimont et de Praeria. Hec autem plenarie debet habere, exepta decima ville et hiis que pertinent ad altare et domo sacerdotis, que semper penes nos remanebit. Sciendum etiam quod inde bonum habemus excambium, scilicet centum solidos parisiensium et duos modios frumenti de reddilu ad mensuram Bietuniensem, sicut in litteris ejusdem advocati, quas penes nos habemus, plenissime continetur...

167

Folio 85, verso.

1219, *acril* (a. st.). — Les mêmes notifient que Guillaume de Pas, et Bernard, son frère ont, de leur consentement, vendu aux filles de Jacques Le Ricque, chevalier, un manse sis dans la Galerue.

W. prepositus, B. decanus et universum Attrebatensis ecclesie capitulum *etc.* Sciat fidelium universitas quod Willelmus de Pas et Bernardus frater ejus, clerici, mansionem, quam in vico maioris de Galeurrue sitam, toto tempore vite sue possidere debebant, Marie et Sarre filiabus dilecti in Christo Jacobi Le Rike, militis, de assensu nostro bene ac legitime vendiderunt, et nos quicquid juris in eadem domo post decessum eorumdem fratrum debebamus habere, quitavimus liberaliter et libenter sororibus antedictis. Quod ut memoriter et firmiter, *etc...* Actum anno gratie M⁰. CC⁰. XIX⁰, mense Aprili.

168

Folio 85. verso.

1219, *acril* (a. st.) — L'évêque d'Arras Raoul notifie que Simon de Villers a engagé au profit de l'église d'Arras sa dîme de Villers-en-Oreillemont, du consentement d'Eustache de Bracquincourt, dont la dite dîme était tenue en fief.

R. divina permissione Attrebatensis ecclesie sacerdos humilis. Sciant presentes pariter et futuri quod Symone de Vilers et Eustacio de Brakincurt domino suo, in nostra propter hoc, Attrebati, presentia constitutis, idem S. decimam quam in territorio de Vilers in Oreillemont de dicto Eustacio in feodum se tenere dicebat, ecclesie nostre Attrebatensi, de assensu ejusdem domini sui, titulo pignoris obligavit *etc...* Sciendum ergo quod Johannes primogenitus ipsius S. et Robertus Briseespee, frater ejusdem S., huic impignorationi corporaliter assistentes, eam spontanei et liberaliter concesserunt... Ad majoris etiam securitatis cautelam homines antedicti, Eustacii pares, videlicet Symonis sepe fati, Balduinus de Hersin et Theobaldus de Baaillon ab jam dicto domino suo super hoc adjurati, judicando dixerunt, *etc...* Actum anno Dominice Incarnationis M⁰. CC⁰. XIX⁰., mense Aprili.

169

Folio 86, recto.

1219, *avril* (a. st.). — **Le même évêque notifie qu'Alard de Croisilles a vendu à l'église d'Arras sa dîme de Fontaines-lès-Croisilles.**

R. *etc.* Sciant presentes pariter et futuri quod constitutus propter hoc Attrebati coram nobis Alardus dominus de Croisilles cum Agnete uxore sua et Johanne primogenito suo, decimam quandam jacentem in territorio de Fontaines quam ab Eustacio, domino de Martinsart in feodum se tenere dicebat et quam a quodam homine suo Heluino de Noweruel et herede ejus emerat, sicut idem H. confessus est coram nobis de assensu et voluntate dictorum uxoris et filii, presente et annuente dicto Eustacio, nostre Attrebatensi ecclesie vendidit *etc.* Ad majorem insuper securitatem homines sepe dicti Eustachii, pares ipsius Alardi, Egidius de Hamblaign, Adam de Aisna, Symon de Sancto Amando et Petrus de Prouvile, a jam dicto domino suo propter hoc adjurati, judicaverunt... Hujus rei testes W. prepositus ; R. magister scolarum ; Gillebertus, H. de Viteriaco, Tesselinus et Engerrannus, canonici Attrebatenses ; Johannes de Andifer ; Adam de S°. Leodegario ; Hugo de Bairi ; P. de Bailluel ; Johannes de Croisilles et Johannes de Monte S^ti Eligii, milites... Actum anno gratie M°. CC°. XIX°., mense Aprili.

170

Folio 86, recto.

1219, *avril* (a. st.). — **Alard de Croix notifie qu'il a vendu à l'église d'Arras la dîme de Fontaines-lès-Croisilles, par lui achetée à Hellin de Neuvireuil et tenue en fief d'Eustache de Martinsart.**

Ego Alardus, dominus de Croi sillicet, notum facio tam presentibus quam futuris quod decimam quam emi a Heluino de Noweruel, homine meo, et ab herede suo, et quam tenebam in feodum de Eustacio, domino de Martinsart, sedentem in territorio de Fontaines, ecclesie Attrebatensi vendidi, *etc.*

Variante dans le nom des pairs : Adam de Aisne. — *Variante dans les noms des témoins :* in presentia domini Attrebatensis episcopi... H. castellani Attrebatensis... Actum Attrebati anno Domini M°. CC°. XIX°. mense Aprili.

171

Folio 87, recto.

1219, *octobre.* — **Le prévôt Guillaume, le doyen Barthélemy et le chapitre d'Arras notifient qu'ils sont convenus avec Wibert Bosquet, chanoine de St-Géry de Cambrai, de percevoir la moitié des fruits de la dîme de Ségard de Pommier, pendant tout le temps qu'elle sera engagée.**

W. prepositus, B. decanus *etc*... Sciat universitas vestra quod inter nos et Wibertum

Bosket, canonicum S^{ti} Gaugerici cameracensis, ita convenimus quod nos de bona voluntate nostra et assensu ejus medietatem fructuum decime que est Segardi de Pumiers, militis, quam ipse W. in territorio dicte ville totam pro sedecies xx^{o}. libras parisiensium tenebat pignori obligatam, percipere debemus quamdiu duraverit dictum pignus...

Actum anno gratie M°. CC°. XIX°., mense octobri.

172

Folio 86, verso.

S. D. (1203-1221). — L'évêque d'Arras, Raoul de Neuville, notifie qu'à la demande de Louis, fils aîné du roi de France, le chapitre d'Arras a accordé à l'hôpital St-Jean le droit d'avoir une chapelle et un chapelain.

R. etc. Ea propter presentium auctoritate notum fieri volumus tam presentibus quam futuris capitulum nostrum Attrebatense, intuitu divine pietatis et ob preces excellentissimi domini Ludovici, illustris regis Francorum primogeniti, indulsisse hospitali S^{ti} Johannis de Attrebato, de assensu et voluntate nostra, ut dictum hospitale capellam et capellanum habeat, sub hac forma :

Capitulum Attrebatense ponet capellanum in domo, cui domus cameram honestam in qua jaceat providebit. Capellanus vero in capella divina celebrabit et fratribus infirmis domus impendet viaticum et alia ecclesiastica sacramenta, et jurabit capitulo et presbitero parrochiali quod jura parrochialia, quantum in eo erit, conservabit in omnibus bona fide, et omnes oblationes et obventiones alias venientes ad eum parrochiali restituet sacerdoti. Domus vero capellano necessaria in victu et vestitu, sicut decet, idonee providebit. Quod si forte capellano non placuerit victus et vestitus domus vel alterum illorum, domus ei pro victu suo x. libras et pro vestimentis suis c. solidos exolvet annuatim, et si capellanus aliquanto tempore manserit in domo in expensis domus, et postmodo suam mutaverit voluntatem et in victu ac vestitu vel altero eorumdem sibi de pensione debita maluerit providere, ipse prorata residui temporis percipiet de pensionibus superius assignatis.

Sciendum preterea quod capitulum amovebit capellanum et alium substituet quotienscunque viderit expedire. Ad hoc sciendum quod domus non potest recipere aliquem clericum aut presbiterum nisi de licentia et assensu nostro capituli quibus jure parrochiali est subdita dicta domus...

173

(Feuillet du commencement, non numéroté).

1282, 18 octobre. — Serment prêté par Guillaume d'Isiaco à sa prise de possession du siège épiscopal d'Arras.

Hec est forma juramenti quod prestitit reverendus pater ac dominus G[uillelmus], Dei gratia attrebatensis episcopus, anno Dominice Incarnationis millesimo ducentesimo octogesimo secundo, in die beati Luce ewangeliste, in domo magistri Anselmi dicti de Lens, medici in vico Civitatis, antequam receptus fuisset in ecclesia Attrebatensi, presentibus J. de Novavilla preposito, B. de Byonviler decano, N. Brochart archidiacono Attrebatensi, H. de Bapalmis scolastico, Symone Wydelin, Petro de Nigella, Egidio dicto Brochart, Johanne de Novavilla Regis, Odardo de Villaribus, Hellino de Fourmeles, Hugone de Castro Radulphi, Petro dicto Bonnier, Balduino de Gauchin, presbiteris ; Sagalone dicto Waghon, Johanne de Noviomo, Philippo dicto Verdiere, Federico, dyaconis ; Petro Pyronti, Jacobo de Bialta, Symone de Noviomo, Johanne Lantelmi, Godefrido de Athies, subdyaconis, prepositis sacrosancti ewangeliis.

« Ego Guillelmus, divina permissione Attrebatensis episcopus, juro super hec sancta ewangelia me servaturum jura, consuetudines, privilegia et libertates ecclesie Attrebatensis.

Item juro me prosequuturum causas contra abbatem et conventum Sancti Vedasti Attrebatensis et castellanum Duacensem, de consilio capituli.

Item juro quod usurarios notorios et manifestos in districtu episcopatus commorantes compellam abjurare usuras, alioquin eos de districtu dicti episcopatus recedere faciam. Et istos duos articulos predictos juro secundum determinationem juris.

Item juro quod canonici et beneficiati in ecclesia Attrebatensi poterunt emere domos existentes in districtu dicti episcopatus, ad manendum, salvo jure episcopi.

Item juro quod scabini dicti episcopatus intererunt elemosinis faciendis de rebus immobilibus in dicto districtu existentibus ecclesie Attrebatensis, ac clericis beneficiatis in eadem, et si interesse noluerint, eosdem compellam. Et istos duos articulos predictos juro secundum quod predecessores mei juraverunt. Et si predecessores mei istos duos articulos non juraverunt, tamen me servaturum promitto, prout superius est expressum. »

174

(Feuillet précédent non numéroté).

1296, 3 mai. — **Serment prêté par l'évêque Gérard Pigalotti, en prenant possession du siège épiscopal d'Arras.**

Hec est forma juramenti quod prestitit reverendus pater ac dominus Gerardus, Dei gratia Attrebatensis episcopus, anno Domini millesimo CC°. nonagesimo sexto, in die Ascentionis Domini, in domo Petri dicti Pouchin, in vico Civitatis, antequam intrasset claustrum et receptus esset in ecclesia Attrebatensi. Presentibus J. de Noviomo, decano ; R. de Buxiis, cantore ; P. de Cressi, scolastico ; G. de Cullo dicto Mercatore ; J. dicto Bouchier, presbiteris ; Godefrido de Athies ; Symone de Noviomo, dyaconis ; J. Lantelmi ; J. Louchart ; P. Mulot et J. Cosset, subdyaconis, prepositis sacrosanctis euangeliis :

« Ego Gerardus *etc.* (*ut supra* n° 173). Et hec juro, aliquas novitates inducere non intendens, presentibus etiam domino W. de Capella, tunc vicario, magistro Tigro, Johanne de Curcellis, clerico capituli, et pluribus aliis. »

ERRATA ET ADDENDA

Page IV, ligne 5 : au lieu de *ses*, lire : *leurs*.

Page 7, ligne 6 : après : *Veteris et novi burgi*, ajouter en note : v. GUESNON, *Mémoires de l'Académie d'Arras*, 2e série, t. XXVI, p. 207.

Page 13, ligne 3 : au lieu de *Gervaise*, lire : *Gervais*.

Page 15, n° 22 : au lieu de *Godescalque*, lire : *Godescal* ; de même dans les chartes suivantes.

Page 17, ligne 2 : au lieu de : *Avennes, Ripelli*, lire : *Avennes Ripelli*.

Page 25, n° 30 : ajouter en note : Suivant M. Guesnon, qui présente en faveur de sa thèse des arguments sérieux, cette charte serait de l'année 1171 (*Bullet. histor. et philolog. du ministère de l'Instruction publique*, 1896, p. 255).

Page 37, en note, ajouter : La charte n° 44 a, pendant l'impression de ce cartulaire, été publiée dans les *Mémoires de l'Académie d'Arras*.

Page 38, ligne 1 : *in anniversario sue consecrationis die, dominica qua*, lire : *in anniversario sue consecrationis, die Dominica qua...*

Id.   après le n° 46, ajouter : *Imprimé dans le Bulletin de la Commission royale d'histoire*, 4e série, t. XIII, p. 107. — Cf. WAUTERS, *Analectes de diplomatique*, p. 347.

Page 60, note 1 : au lieu de : *Anno 11-6*, lire : *Anno 1196*.

Page 73, ligne 20 : au lieu de : *Noradins ; frater ejus Bernardus ;* lire : *Noradins*, frater ejus ; Bernardus...

TABLE

NOMS DE PERSONNES [1]

Abo, filius Tiezonis, 9.
Absalon, abbas S^{ti} Amandi, 17.
Ada, uxor Roberti, 9
Ada, mater Egidii de Henin, 141.
Adam, presbiter, 9.
Adam, canonicus Attrebatensis, 30.
Adam, nutricius Walteri Comitis, 98.
Adam, alumnus archidiaconi Radulphi, 112.
Adam de Aisna, 169.
Adam de S^{to} Leodegario, 169.
Ado, scabinus Attrebatensis, 30, 47.
Adrianus, papa IV, 24, 27, 28.
Aelidis, uxor Guidonis de Souaste, 123.
Agahes, cognomen Symonis, 122.
Agnes, mater W. militis de Atrebato, 87.
Agnes, mater Johannis de Aissie, 116.
Agnes, uxor Alardi domini de Croisilles, 169.
Aimaricus, prepositus Attrebatensis, v. Amal-
    ricus.
Aimericus, diaconus cardinalis et cancellarius, 16.
Aimericus, abbas Acquichinensis, 3.
Alaldus, abbas S^{ti} Vedasti, 5.
Alardus, prepositus Insulensis, 25.
Alardus de Baencurt, 134.
Allardus de Builecort, miles, 119.
Alardus dominus de Croi, 170.
Alardus de Croisilles, 31.
Alardus dominus de Croisilles, 121.
Alardus de Paluel, 71.
Alardus de Riencurt, 134.
Alardus de Salci, 71.
Albericus, Albricus, v.
Albericus Bries, 118.
Albricus Faber, 9
Albertus, abbas Hannonensis, 3.

Aldefridus, 22.
Aldefridus, 120.
Alelmus, 9.
Alelmus, 9.
Alelmus, canonicus Lensensis, 9.
Alelmus de Belfort, 123.
Alelmus de Foro, 28.
Alelmus de Novilele, 30.
Alembertus, presbiter, canonicus Attrebaten-
    sis, 74.
Alembertus, subdiaconus canonicus Attreba-
    tensis, 74.
Alerannus, 9.
Alexander papa III, 37, 38, 49, 50, 51, 52, 53,
    54, 55, 56, 57, 58, 59, 60.
Alexander, 26.
Alsac, cognomen Henrici, 134, 137.
Alvisus, episcopus Attrebatensis, 14, 15, 16,
    17, 18
Amalricus, Aimaricus, prepositus Attrebaten-
    sis, 86, 90, 93, 94.
Amalricus, canonicus Attrebatensis, 74.
Amandus, canonicus Duacensis, 9.
Amelieiard, 114.
Amelius, capellanus Attrebatensis, 113,121,164.
Amions, cognomen Richeri et Willelmi, 134.
Amolricus, pater Egidii de Henin, 141.
Amolricus, puer canonicus Attrebatensis, 30.
Amolricus de Balli, miles, 113.
Amolricus de Henripre, 165.
Anastasia, uxor Ursionis Hukedeu, 77.
Anastasius, canonicus Attrebatensis, 30, 48.
Anastasius, presbiter, 2.
Andefridus Medicus, 9.
Andreas, episcopus Attrebatensis, 30, 36, 94.
Andreas de Bailescort, 121.
Anscherus, monachus Attrebatensis, 30.

(1) *Les numéros indiqués sont ceux des actes.*

TABLE

NOMS DE LIEUX

--- ++++ ---

Haicort, Hailcort, Hailcurt, *Ecourt-St-Quentin* (P.-de-C.), ecclesia de, 11, 19.

Hainaut (Le) v. Hadnoniensis.

Haisci, v. Ascei.

Haiserne (Porta de), à *Arras* (P.-de-C.), 145.

Halcurt, *Haucourt* (P.-de-C.), ecclesia de, 6, 11, 14, 28.

Hallenges-lès-Bucquoy, v. Helengies

Hallines, v. Haslines.

Haluth, v. Athius.

Hamblaing, *Hamblain-lès-Prés* (P.-de-C.), Nicolaus de, 159. — Urselaus de, 115.

Hamel, v. Hamilirs.

Hamelincurte, Amelanicurte, Hamelaincurte, Amelaincurt, Hamelincort, Hamelaincort, *Hamelincourt* (P.-de-C), altare, ecclesia de, 23, 28. 37. — Guifridus de, 32. — Hugo de, 71.

Hamerici Cathoire (pons matris), le *Pont de la Catoire*, sur *Faumont* (Nord), 46.

Hamilirs. *Hamel* (Nord), altare de, 14, 19. — Hugo de, 72.

Hamonpreit, vivarium, molendinum de, 16.

Hanencamp, Hannencamp, Hannescamp, *Hannescamps* (Pas-de-Calais), altare de, 34, 70. — Nemus de, 34.

Hangest, *Hangest* (Somme), Florentius, Johannes de, 85. — Heres de, 85.

Hangra, *Angres* (P.-de-C.), altare de, 14.

Hannencamp, v. Hanencamp.

Hannonensis, Hasnonensis, d'*Hasnon* (Nord), v. S¹¹ Petri Hannonensis.

Harmenteriis, v. Armenteris.

Haslines, *Hallines* (P.-de-C.), Willelmus de, 109, 110.

Hasnon, Hasnonensis, v. S¹¹Petri Hannonensis.

Haspra, *la prevote d'Haspres* (Nord), prepositus, 134, v. Willermus.

Hatonis domus, à *Arras*, 7.

Haucourt, Haucurt, v. Halcurt.

Hébuterne, v. Herbusterna.

Heilly, v. Eilli.

Heldiniul, Hesdinoeil, *Hesdigneul*, arr¹ de Béthune (P.-de-C.), altare de, 14, 19.

Helengies, *Hallenges*, sur *Bucquoy* (P.-de-C.), Bernardus, Ilbertus, Rogerus de, 26.

Hellebusterne, v. Herbustella.

Hendecourt, v.

Hendicort, *Hendecourt-lès-Cagnicourt* (Pas-de-Calais), 147

Henin, *Hénin-Liétard* (P.-de-C.), v. Hinniaco.

Henin super Cogellum, v. Hinnino majori.

Henincurte, v. Hennincorte.

Heninel, *Héninel* (P.-de-C.), Willermus de, 118.

Hennincorte, Henincurte, Henincurt, *Henencourt*, sur *Estrée-Cauchy* (P.-de-C.), 23, 33. — Alodia de, 28.

Hennino Rainardi, v. Hinnino majori.

Henripre, *Henripret*, sur *Fresnicourt* (P.-de-C.), Amalricus de, Symon de, 165.

Herbustella, Herbusterna, Herlebusterne, Hellebusterne, *Hébuterne* (Pas-de-Calais), altare de, 23, 28, 37. — Decima de, 164.

Herlebuternes, v. précédent.

Herliis, *Herlies* (Nord), altare de, 14, 23, 28.

Herlin, *Herlin-le-Sec* (P.-de-C.), 37.

Hermenfridi vicus, *quartier d'Arras*, près *St-Nicolas*, 30.

Hermicecort, v. Ernincicurt.

Herseka, Herseke, *Hézecques* (P.-de-C.), Robertus de, 108, 112.

Hersin, *Hersin*, section d'*Hersin-Coupigny* (P.-de-C.), curtile de, 28. — Johannes, Petrus de, 143. — Balduinus de, 168. — Hugo presbyter de, 35. — Johannes de, 142. — Balduinus de, 167. — Petrus de, 142.

Hervileir, Hervilier, v. Hirvileir.

Hescheufol, v. Eschefol.

Hesdigneul, v. Heldiniul.

Hesdin, *Vieil-Hesdin* (P.-de-C.), Bernardus de, 108.

Hesdinoeil, v. Hesdiniul.

Hézecques, v. Herseka.

Hicort, Stephanus de, 71.

Hinniaco, Henin, *Hénin-Liétard* (P.-de-C.), Egidius de, 121, 139, 148. — Magister de, 107, 141. — Willermus de, 118.

Hinniacensis, S¹¹ Martini de Hennin, l'abbaye O.S.B. de *Saint-Martin d'Hénin-Liétard*, dans la ville de ce nom, 16, 18. — Electus, 79.

Hinnino majori, Hinnino Rainardi, Hinnino Rainardi, Hennino Rainardi, Henin super Cogellum, *Hénin-sur-Cojeul* (P.-de-C.), 28. — Altare de, 11, 12, 13, 14, 16, 24, 28.

Hirvileir, Hirviler, Hervileir, Hervilier, *Ervillers* (P.-de-C.), altare de, 14, 16, 19, 23, 24, 28.

Hochoie (La), *La Houssoye*, loc. ind., decima de, 86.

Horcee, v.

Horec, Horech, Horcee, *loc. disparue*, près *Gueudecourt* (Somme), ecclesia de, 17, 23, 28.

Hosdain, Hosden, Husdein, Husdem, *Houdain* (P.-de-C.), altare de, 23, 28. — Mensura de, 73 — Helgotus de, 28.

Hosden, *Houdain*, v. précédent.

Hubardi alodia, sur *Vis-en-Artois* (P.-de-C.), 28.

Huluce, *Hulluch* (P.-de-C.), Nicholaus de, 25.

Husdein, Husdem, v. Hosdain.

I

Ierosolomitane partes, *La Terre-Sainte*, 132.

Imercort, *St-Laurent-Blangy* (P.-de-C.), Anselmus de, 113.

Insule, Insulanus, Insulensis, de *Lille* (Nord), castellani, 25, 44, 87, v. Johannes, Raginaldus. — R., 172. — Prepositi, 25, 75, 84, v. G. et Alardus.

Morinorum, Morinensis, de *Thérouanne* (Pas-de-Calais), *ancienne capitale de la Morinie*, episcopi, 7, 15, 67 ; v. Johannes, Milo. — Archidiaconus, 26, v. Milo.

Moyenneville, v. Medunvilla.

Muncel, Muncellum, v. Moncello.

Munci, v. Monci.

N

Neuville, v. Nova villa.

Neuvireuil, v Novilela,

Nigella, *Noyelles*, loc. ind., Petrus de, 173.

Nigella, Nigella Guidonis, *Noyelles-Vion* (Pas-de-Calais). ecclesia de, 28, 37.

Nigella. Nige! t de Atrio, Nigellula, Noeleta, Noeletta, *Noyellette-en-l'eau* (P.-de-C.), ecclesia de, 23, 28, 37.—Terra censualis, 28.

Nigella juxta Lens, *Noyelles-sous-Lens* (P -de-C.), ecclesia de, 37.

Nigella juxta Vermellam, *Noyelles-sous-Vermelles* (P.-de-C.) altare de, 28.

Noe, *Nœux*, v. Nue.

Noeleta, Noeletta, v. Nigellula.

Noreuil, v. Nugerol.

Norhem, *Norrent*, section de *Norrent-Fontes* (P -de-C.), Eustacius de, 109.

N. Dame d'Arras, v. Ste Marie Attrebatensis.

Nova villa, *Neuville*, loc. ind. — J. de, 173. — Robertus de, 109, 115.

Nova villa, Noveville, *Neuville-Vitasse* (Pas-de-Calais). — Dominus de, 135. — Eustachius de. 44. — Eustachius junior de, 137, 147.— Rainerus, miles de, 91.

Nova villa Ermenfredi, *locus* prope Atrebatum, 28.

Nova villa regis, *la Neuville-le-Roi*. — Johannes de, 173.

Nova villa, Villa Sti Vedasti, *Neuville-St-Vaast* (P.-de-C.). — Altare de, 23, 24, 28. — Terra de, 28.

Noveville. — V. Nova villa.

Novilela, Novillella juxta Warluis, Noviletta, *Neuvireuil* (P.-de-C.) — Altare de, 23, 28. — Alelmus de, 28, 30. — Helluinus de, 169, 170.

Noviomensis, de *Noyon* (Oise). — Episcopi, 15, 26,91, v. Balduinus, Symon, Stephanus.

Noviomo, *Noyon* (Oise). — Johannes de, 173, 174. — Symon de, 173, 174.

Novum, terra de, 28.

Novum Rovisoi, sur *Ayette* (P.-de-C.), 34.

Noyellette-en-l'eau. - V. Nigellula.

Noyelles. — V. Nigella

Noyon. — V. Noviomo.

Noweruel. — V. Nugerol.

Nue, Noe, Nues, *Nœux* (P.-de-C.). — Ecclesia de, 28, 159, 166 — Ecclesia de, 37.—Alodia de, 28.

Nugerol, Noweruel, *Noreuil* (P.-de-C.). — Ecclesia de, 11, 19.

O

Oes, *Œufs-en-Ternois* (P.-de-C), villa de, 37.

Oisi, Oisiaco. *Oisy-le-Verger*. — V. Auziaco.

Oppy. — V. Vulpi.

Orchos, Orcos, *Ors* (Nord). — 6, 13.

Ororsella, *locus*. — Henricus de, 44

Ors. — V. Orchos.

Ostrevandum, Ostrevandensis, l'*Ostrevent*, ancien *pagus* d'Artois 4, 16. — Ostrevis archidiaconia, 14. — Ostres archidiaconi, 9, 23, 29, 30, 33, 70, 112. — V. Frumaldus, Hugo, Radulfus, Robertus.

Ostricort, *Ostricourt* (P.-de-C). — Gerardus de, 113.

Otbertio, *Aubers* (Nord). — Altare de, 14.

P

Paluel, *Palluel* (P.-de-C), 16, 18. — Alardus de, 71.

Parisiensis. *de Paris* — Episcopus, 7. v. Gualo. - Archidiaconus, 7, v. Guillelmus. — Gelduinus, 36. — Guido, 74.

Parisius, à *Paris*, 80, 81, 82.

Pas, *Pas* (P.-de-C.). — Bernardus, Willelmus de. 167.

Peronensis, *de Péronne* (Somme). -- Decanus, 91. — Capitulum, v. Hugo. — Ecclesia, 91, 92. — Moneta, 147.

Pestivillers — V Postinviller.

Petra, Theobaldus de, 120.

Petria, *La Pétrie*, sur *Mons-en-Pevèle* (Nord). — Decima de, 25.

Pintengies, *Pintignie*, sur *Coutiches* (Nord). — Decima de, Odo de, 26.

Pire (Le), *locus* à *Cagnicourt* (P.-de-C), 147.

Pis, *Pys* (Somme). — Ecclesia de, 28, 37.

Platea, Wibertus de, 150.

Planca, *Planques* (P.-de-C.) ou le fief *des Planques*, sur *Hersin-Coupigny* (P -de-C). — Balduinus de, 35.

Pommier, v. Pumiers.

Pons matris Hamerici Cathoire, v. Hamerici Cathoire.

Pons Tenardi, Pontenardum, *ancien pont d'Arras*, 28. 44, 75.

Pontivo, le *Ponthieu*, *ancien comté*, 84.

Portis, Maria de, 146, 151, 158. — Nicolaus de, 151, 158.

Postinviler, Postunviller, Ad Postum Viler, *Pestiviller*, ancienne dépendance de Béhagnies, 14, 16, 19, 24, 95. — V. Ste Marie de Postinvillers.

Praeria, *locus* sur *Nœux* (P.-de-C.), 158, 166.

130 TABLE DES

Scuiri, v. Scuriaci.

Scultis, Scolt, Escout, *Ecoust-St-Mein* (Pas-de-Calais), ecclesia de, 28, 37. — Decima de, 134, 135, 137. — Godardus de, 134. — Gamelo de, 137. — Hugo Haves de, 134, 137. — Warinus, Warnerus de, 134, 137.

Scuriaci, Squiriaci, Scuiri, Scuri, Esquiri, *Ecurie* (P.-de-C.), 45, 115. — Altare, 23, 28. — Villa, ecclesia, 37. — Major, 113, 115, — Petrus de, 114.

Senghin in Weppes, Senghins, *Sainghin-en-Weppes* (Nord), 25.

Senlis, v. Silvanectensis.

Servin, Serving, Sarvin, Servin in Gauharia, *Servins* (P.-de-C.), ecclesia de, 11, 14, 24, 28.

Silli, v. Salgi.

Silvanectensis, *de Senlis* (Oise), Hubertus, Robertus, 119, 123, 129.

Simencourt, Symoncort, Simencurt, v. Symoniscurtis.

Sirici, v. Chiri.

Soast, Souaste, Sowasta, Sowastre, Sowaste, Suaste, Souast, *Souastre* (P.-de-C.), 123.— Altare, ecclesia de, 36, 37, 101. — Decima de, 123, 141. — Dominus de, 121, 124, 141. — Guido, Petrus, Robertus de, 123.

Sois Walket (li), *locus*, sur *Cagnicourt* (P.-de-C), 147.

Soissons, v. Suessionis.

Sophia, v. Sardiense.

Sorel, *Sorel* (Somme), Gerardus de, 44.

Souaste, *Souastre*, v. Soast.

Souces, *Souchez*, v. Succes.

Squavias, Squavas, Squavies, *Ecoivres*, sur *Mont-St-Eloi* (P.-de-C.), 6, 23, 28, 37.— Eustachius de Squavis, 28. — Johannes de, 128. — Hugo, major de, 114.

Squiriaci, v. Scuriaci.

Stenford, *Stenvorde* (Nord), Guillelmus de, 20.

Straella, Stradella, Straele, Estraele, *Etrayelles*, sur *Camblain-l'Abbé* (P.-de-C.), 28. — Eustachius de, 123. — Nicholaus de, 143.

Strata, l'*Estrée*, ancienne Grand'rue d'Arras, 28, 75, 95. — Strate porta, 44, 75.

Strees, Streis, *Estrée-Cauchie* (P.-de-C.), v. Estrees.

Strom, Strummo, Strumensis, Strumh, villa, 6. — Ecclesia, 96. — abbatia, v. St Marie de Strumo.

Suaste, v. Soast.

Subcrientione, Savalo de, 47.

Succes, Souces, *Souchez* (P.-de-C.), ecclesia de, 28, 37.— Major de, 113, 115, v. Petrus.

Suessionis, *Soissons* (Aisne), episcopus, 15, 46, v. Joslenus, Nivelo.

Susana, *Susanne* (Somme), dominus de, 146, v. Robertus. — Rabodus de, 116, 151, 158.

Sus-St-Léger, v.

Sylva St Leodegarii, *Sus-St-Léger* (P.-de-C.), 6.

Symonis curte, Symoncurt, Symoncort, Simencurt, *Simencourt* (P.-de-C.), altare de, 23. — Ecclesia, de 37. — Balduinus de, 32. — Decima de, 28.

T

Taillieconci, *locus*, sur *Ecuries* (P.-de-C.), 115.

Templivia, *Templeuve* (Nord), 28.

Tenardi pons, à *Arras* (P.-de-C.), 28, 44.

Tenques, *Tincques* (P.-de-C.), H de, 108. — Nicolaus de, 112, 113.

Teremonda, *Termonde* (Belgique), dominus de, 89, v. Willelmus de Betunia.

Terra Sancta, *La Terre Sainte* (Palestine), 163.

Ternannia, *Thérouanne* (P.-de-C), Hugo de, 71, v. Morinensis.

Tievre, *Thièvres* (P.-de-C.), Walterus de, 147.

Tilleio, Tilloi, Tolloi, *Tilloy-les-Mofflaines* (P.-de-C.), Altare de, 2, 28.— Walterus de, 147.

Tincques, Tinques, v. Tenques.

Tolloi, v. Tilleio.

Tornacensis, de *Tournay* (Belgique), episcopus, 34, v. Galterus. — Episcopatus, 46.

Tornele, Matheus de la, 85.

Tournay, v. Tornacensis.

Trecas, *Troyes* (Aube), concilium apud, 7.

Tresenis, Tressenes, Tresse, terra de, 23, 28, 37.

Triecoc, Petrus de, 85.

Troyes, v. Trecas.

Tungr, Tungri, Tumgri, *Tingry* (P.-de-C.), 14, 16, 19, 24.

V

Vacaria, La *Vacquerie*, sur *Faumont* (Nord), 46.

Valentie, *Valence* (Drôme), 12.

Vallibus, v.

Vals, Vaux, Vaulx, Vallibus, *Vaulx-Vraucourt* (P.-de-C), 117. — Decania de, 11. — Ecclesia de, 11, 14. — Guido, Rogerus de, 117.

Vermelliam, Vermelle, *Vermelles* (P.-de-C.), 28, 37.

Vermendois (le), v. Viromandensis.

Verone, *Vérone* (Italie), 69.

Vernone, *Vernon* (Eure), 83.

Vez, curtilia, 28.

Vi, *Vis-en-Artois* (P.-de-C.), 28.

Vier, *chemin desservant le vivier des Brones*, 70.

Vilers, *Villers-au-Flos* (P.-de-C.), Arnulphus de, 119.

Villers in Oreillemont, Villers justa Karenciacum, juxta Karenci, *Villers-au-Bois* (P.-de-C), decima de, 126, 155. — Hermannus de, 28. — Symon de, 168.

TABLE DES MATIÈRES

www.ingramcontent.com/pod-product-compliance
Lightning Source LLC
Chambersburg PA
CBHW051722090426
42738CB00010B/2027